周紹賢著

老子要義

中華書局印行

自序

中國文化至黃帝時已燦然大備，惟政治、教化、軍事、天文、曆法、數學、醫學、音樂等等，一切經常應用之學，皆在隨時實施之中以相傳授，缺乏文字記載。而學術思想、義理言論，因非文字所能盡其意，故亦多憑口傳而乏著述。至春秋時，著書之風漸盛，孔子整頓六經，六經爲古傳之學；老子著道德經，每引「古之所謂」、或「故聖人云」，亦係承述古人之學；孔老皆纘前聖之緒，而加以獨到之睿見，以著書立說，其承先啓後，爲當代之大師，立言傳道，皆功垂萬世也。

禮運大同章所講「大道之行也」之大道，與老子第十八章「大道廢、有仁義」之大道相同。大同章鄭注「同猶和也、平也」。引申其義、「大」即天下統一，「同」爲利害均等，亦即天下道同風一而無分裂，社會生活均衡而無紛爭；政治達此境地，則人心渾厚，世風淳樸，無物我之介，無利害之爭，即成爲「安其居，樂其俗」，「盜竊亂賊而不作」之大同世界；此與法家嚴法控制之政治思想絕不相同。孔老在衰亂之世，皆慕想大道之行、盛世之治。然大道既廢、既隱，不得不講仁義，而總必以大道爲最高之目標。

宋儒以承儒家之道統自居，以爲儒道不相能，故貶抑老子；其實老孔之時，道術尙未分裂，故孔子問禮於老子，聞老子所講古人之言與亂世立身之道，贊美老子「其猶龍乎」！後世或以老孔皆在亂世，老子思想消極，故獨善其身而歸隱；孔子思想積極，故周遊列國，志在兼善天下。其實老子爲周太史已久，因周室已衰，不足與有爲，且已身已老，不可戀位，理宜退休歸隱，並非消極；孔子奔走列國十四年，見道不行，亦只得罷休，故欲「乘桴浮於海」，又「欲居九夷」。老孔而後，有儒道之分，世人自其外表態度而言之，謂隱居之士爲道家，用世之士爲儒家，兩家顯然不同。其實老孔皆曾官居顯職，爲國宣勞，晚年皆爲隱君子。論語中孔子對隱者亦表示敬重，老子書中亦講治國用兵之道。名臣退位則爲隱士，隱士亦可出而爲名臣，孔老之道不相悖也。

及至戰國，道術分裂，百家爭鳴，各立門戶，而且一家之學亦相判離，「儒分爲八，墨分爲三」（韓非子顯學篇）。楊朱初學於道家，而後來自立其「爲我」主義；韓非李斯初學於荀子，而後來轉入法家；諸如此類頗多，則儒道兩家各樹一幟，亦不足異。自此而後，「世之學老子者，則絀儒學；儒學亦絀老子」（史記卷六十三），兩家形成對壘，及至宋儒如程伊川朱晦庵等、皆對老子作詬厲之評語（二程全書十八、朱子語類一百廿五）；噫！此豈孔老所及料哉？

中國倫理教化，政治制度，自黃帝而後，已有一貫之規律，至周而文化大盛，老孔之學術思想、當然爲同一根源。惟孔子之人生觀以仁爲出發點，故栖栖皇皇，熱心濟世，抱「知其不可而爲之」之精神；老子之人生觀以智爲出發點，故秉要執本，虛靜應物，持恬澹自然之態度；孔老之精神態度、皆正大高明而不相鉏鋙，其學術思想亦相輔爲用，相得而益彰也。

惟老子所講修身、處世，以及治國用兵之道，多爲衆人所忽視之一面；對於衆人所知之常識、不加贅說。衆人知進而不知退，知得而不知喪，知安而不知危，知存而不知亡，知剛強之力、而不知柔弱之用；知爭先之利、而不知謙下之益；老子則專講人所不知之一面，提出警告、使人戒愼。見非常之理，發非常之言，其「正言若反」，本爲至理，而有人視爲怪迂；其論道之體用，妙美精深與大易相通，而有人謂爲虛無；是以下士聞其道而大笑之，老子云「不笑不足以爲道」（四十一章）。井蛙不可以語海，夏蟲不可以語冰，下士不可以語道，下士不離俗流，至道妙義，豈下士所能領略哉？

古之學術思想、多憑口傳，戰國之世、學說紛紜，有人輯黃帝之言，著之於書，當然難免有後人增入之言，漢書藝文志所載黃帝銘六篇，今所存者有金人銘、見孔子家語觀周及說苑卷十；巾几銘、見路史疏仡紀；其言與老子相合，且有與老子相同之語。黃帝君臣十篇、班固云「與老子相似」，此書已佚。黃帝四經四篇、六朝以後已失傳；今一九七四年、黃帝四經於湖南馬王塚出土，四經後部爲老子全文，此書爲帛本隸書，抄寫時在漢文帝初年，四經篇目：經法、十大經、稱、道原。其中所講治國用兵之道及成敗禍福之理，皆與老子相似；黃老自戰國時成爲一家之言，故其書合爲一編。惟老子講「道」，而四經中「道」「法」兼稱，老子講「名」，而四經中「形名」並論。稱篇有云「善爲國者，太上無刑」，而經法篇則講道法形名、謂「道生法，法者引得失以繩，而明曲直者也。執道者生法而不敢犯也，法立而弗敢廢也。能自引以繩，然後見知天下而不惑矣」。又屢講形名之功用，謂「形名立，則黑白之分已」。稱篇云「建以其形，名以其名」，「待表而望則不惑，案法而治則不亂」，「今之曲直，審其名以稱斷之」。此卽法家所取而以爲依據者也，管子任法篇云「黃帝置法不變」，呂氏春秋序意篇云「文信侯嘗學黃帝之法」。蓋自戰國時、法家卽依黃帝形名之說、而演出刑名之學，故史記將老莊與申韓合爲一傳，謂申不害「學本黃老而主刑名」；謂韓非「喜刑名法術之學，而其歸本於黃老」。其實法家之政治思想與黃老大不相同，黃老以道術爲治，法家以刑罰爲治；當時百家互相攻難，法家之勁敵爲儒家，儒家祖述堯舜，師承孔子；法家則借重黃帝老子以與儒家相抗，假借黃帝形名之說，而附會於刑名；屈引老子「芻狗」人民之意，而慘礉少恩；然而其於黃老之「無執也，無處也，無爲也，無私也」之主義（經法篇），則未嘗接受。

漢朝以黃老起家，張子房深得黃老之旨，以道家之兵法運籌帷幄，輔高帝、滅強秦、平羣雄、定天下、建立漢朝，而實踐老子之訓「功成、名遂、身退」，誠所謂「道人不聞、至德不得、大人無己」者也（莊子秋水）。曹參陳平皆好黃老，用兵則爲良將，輔政則爲良相；漢初開國之武功文治，實以黃老之學爲主，是以黃老之學大盛。及至文帝以恭儉御世，益顯黃老清簡之治，是以海內富庶，人心向化，幾致措刑。景帝繼之，移風易俗，黎民淳厚，成爲郅治之世，此眞黃老之治術；申韓刑名之學，非黃老之本也。

自古世道之亂，由於名利之爭，故道家修身貴不爭之德，謂「至人無己，神人無功，聖人無名」（莊子逍遙遊），至人神聖，皆無私心名利之爭，謂「道之眞以治其身，其餘緒以爲國家，其土苴以治天下。由此觀之，帝王之功，聖人之餘事也」（莊子讓王），不能自治，安能治人？故修身自強爲大事，自身健全，方能與問國事，故曰「其餘緒以爲國家」；自身健全，德高學博，對天下事瞭如指掌，故帝王之功若由聖人爲之，猶如烏獲扛千鈞之鼎，衆人以爲難，在聖人則爲舉手之勞，平常之事耳。

儒家之熱心用世，固爲可貴；道家之恬淡超世，豈不可貴？如人人皆欲用世，而人浮於事，爭端乃起；道家之超世態度，人皆爭先，己獨居後，「人皆求福，己獨曲全」（莊子天下），本身之志願如此，適所以減少社會之紛爭，調劑人羣之和氣，此人生必有之美德，既不汲汲於名利，亦非消極於世事。孔子亦云「用之則行，舍之則藏」，「天下有道則見，無道則隱」（論語：述而、泰伯），進退取舍，咸得其宜，儒道兩家所同然也。

道家思想幽深，陳義過高，漢時復興儒學，而名臣碩學、大抵儒道兼綜，甚至特崇道家，如司馬遷、「崇黃老而薄五經」（後漢書班彪傳）；班嗣「雖修儒學，然貴老莊之術」（漢書敍傳）；桓譚云「世之好老子者，以爲過於五經，自漢文景之君、及司馬遷、皆有是言」（漢書揚雄傳）。唐玄宗問道法於吳筠，筠答曰「道法之精，無如五千言，其諸枝詞蔓說，徒費紙劄耳」（舊唐書隱逸傳），吳筠爲道士，固當作如是言；而兵部郎李約注道德經亦云「六經黃老之枝葉耳」。自宋時、理學家尊儒學而抑道家，然而太祖太宗皆喜聞老子言，歐陽修謂：道家無爲之義，「聖人南面之治，不可易也」。蘇轍作老子解、謂蘇籀曰「言至道、無如五千文」，此其尊老並不遜於尊孔也。

學問之情趣，猶如飲食，有人對不合自己口味之物，往往淺嘗輒止，遂謂其不美。有人對于老子亦然。葉夢得謂「老氏之書，其與孔子異者，皆矯世之辭；而所同者，皆合於易」。程大昌作易老通言謂：誤解老子者，「蓋不得其要，而昧其所長也」。顧棟高將五經比如五穀，爲日常生活所必需；將老學比作烏頭，謂其有毒，只可列爲藥品，不如五穀功用之大。其實烏頭治病之功效、亦非五穀所能代替，其意在貶抑老學，而適以提出老學之價值。魏源謂：五經爲經世之書，老子爲救世之書，可謂持平之論矣！

總之儒、道、闡揚人生之眞義，指陳人生之正路，自古相輔爲用，各擅其功。老子察天道變化之妙，審世事反常之機，悟相對之理，立非常之論，燭幽鑒微，旨趣深遠，其書非一閱輒了，其道非一聞便知；必須精心尋思，始能入其徑；必須深明世故，始能通其旨；故孔子贊老子猶龍，莊子稱老子爲博大眞人，司馬遷謂「老子深遠矣」！歷代名世之儒、淸高之士，各悟其理，各致其用，受其敎澤多矣。英國哲人羅素研究中國文化，尊頌孔子，民國九年來華至北京，有人爲之介紹老子並略講老子大意，羅氏聞之，大爲驚嘆，謂「不意中國數千年前、竟有如此之大思想家，奇哉！奇哉！」爾時德國學術界亦組織論語、老子研究會，以參證西方之哲學理論。最近美國作家米勒所選世界「古今十大作家」，將老子道德經列爲「古今十大作家」之首。

道家之學、非近世所競尙之種種權術主義；乃人生必有之義，乃人類道德文明之至高境界，與儒家之學同爲人類自求多福，促進世界大同之光明大道。

余素喜讀老子，民國四十三年、曾撰「老子之生平及其書之考證」、發表於大陸雜誌第八卷第七期。四十四年、曾撰「老子學說淺釋」、發表於建設雜誌第四卷第五期。今仍依淺見所及、撰述老學大旨，自知粗淺之說，平庸之言，管窺之尠，掛一漏萬，故復將五千言每章總述大意，並逐句解釋，合爲一編，名曰老子要義，盡思考以求通解，未能闡發玄義奧理也。

中華民國六十六年九月海陽周紹賢序於國立政治大學

老子要義

目錄

前編

後編

前編

一、老子考證

老子以偉大哲人，其詳細之生平，漢時已無人知，故史遷爲之作傳，僅區區四百餘字；其首段爲正文已說明老子卽老聃，孔子曾從而問禮，著道德之意五千言。然而後段又附以兩種傳說，將老子、老萊子、太史儋、三人混爲一談，未予以分析釐定，致使後世之人懷疑多端。茲針對懷疑者之異說，旁搜博引，循理推論，而作老子考證如下：

姓名

老子姓老名聃。按應劭風俗通義「老氏、顓頊子老童之後」。是老氏之姓，由來已古，左傳載：周有大夫老陽子（昭公十二年），宋有老佐爲司馬（成公十五年），魯有老祁爲司徒（昭公十四年），莊子知北遊、有老龍吉，爲神農之師，列子仲尼篇、有老商，爲列禦寇之師。史記本傳謂「老子二百餘歲，以其修道而養壽也」，遂有人以爲因其壽高，故被稱爲老子，鄭康成亦以老聃爲古壽考之號。實則老爲姓氏，老子之稱與孔子、孟子、晏子之稱同義。

史記本傳云「名耳、字聃、姓李氏」，按史記以前之書如禮記、莊子、荀子、韓非子、呂氏春秋，皆稱老子，或老聃，並無李耳之稱。列仙傳謂：「老子姓李、名耳，字伯陽」。唐朝尊崇老子，遂將聃乃謚號，竄入本傳之中，然古者匹夫無謚，故孔子孟子當時皆無謚號，故聃乃名，並非謚號。然則伯陽之名，由何而來？蓋周幽王時有太史伯陽，預知周將衰亡（見史記周本紀），伯陽蓋哲人也，老子亦哲人也，二人皆爲史官，後之神仙家以老子年壽高，故合伯陽與老子爲一人。

史記本傳，又以老萊子與老子相牽合；又謂或曰周太史儋卽老子，按老萊子亦爲道家，莊子書中如在宥、天道、天運、則陽、田子方、知北遊、庚桑楚諸篇中或稱老聃或稱老子，惟外物篇特述老萊子之言，史記孔子弟子列傳云「孔子之所嚴事，於周則老子，於衞蘧伯玉，於齊晏平仲，於楚老萊子，於鄭子產，於魯孟公綽」，是則老萊子與老子分明爲二人。至於太史儋，在孔子歿後百二十九年，與老子亦非一人。蓋聃、聸皆爲耳大垂之形容詞；聸又作儋，儋聃音義相通，太史儋見秦獻公述秦與周合而離，離而合之推測，與太史伯陽皆有預言之智，且儋西出關入秦，老子亦有西出關之說。伯陽、老聃、太史儋前後三人皆爲史官，其事蹟有相似之點，老子又長壽延年，故世俗混三人爲一人。史記附錄俗說，遂啓後世之疑竇，茲多方參證，乃確定：老子卽老聃，卽孔子從而問禮之老子，亦卽著道德經之老子。蓋離却正史，別無可據。史記本傳主文分明，附錄之說，顯然爲誤，史公當日亦未取以爲信，傳文之意，瞭然可睹也。

籍貫

史記老子傳云「老子者，楚苦縣、厲鄉、曲仁里人也」。厲轉音爲賴，故張守節史記正義云「厲音賴。晉太康地紀云『苦縣城東有賴鄉祠，老子所生地也』」。淮南子修務訓，高誘注云：老子「楚苦縣、賴鄉、曲里人」，論語述而篇疏引「王弼云：老子者楚苦縣、厲鄉曲仁里人」。劉向列仙傳、皇甫謐高士傳，皆云老子陳人。禮記曾子問、孔穎達疏，引史記云「老聃陳國苦縣、賴鄉曲仁里人」，是知史記之文，古今有異，陸德明經典釋文敍錄謂老子「陳國苦縣、厲鄉人」。邊韶老子銘謂老子「楚之相人」，莊子天運篇、司馬彪注謂「老子陳國、相人」。其他各書所載，大抵不外以上諸說。

按後漢書郡國志云：陳國苦縣「春秋時曰相」，楚滅陳後，改相曰苦。史記周本紀，敬王「四十一年，楚滅陳，孔子卒」。春秋之後，始有苦縣之名，則老子之籍貫應爲陳國、相人。

先秦典籍俱未述老子之鄉里，所謂厲（賴）鄉、曲仁里，蓋老子之鄉里，後世之地名，猶楚國苦縣之名也。酈道元水經注陰溝篇云「東南至沛爲渦水，渦水又東經苦縣故城南，即春秋之相，王莽更之爲賴陵。又東經賴鄉城南，又北經老子廟東，又屈東經相縣故城南。相縣虛荒，今屬苦縣故城。老子生於曲渦間」。其地在今河南鹿邑縣東十五里，至今有苦縣故城，有老子祠曰太清宮。按鹿邑在渦河東岸，沛縣在鹿邑東北，相距約三百華里。莊子天運篇記老子居沛。蓋老子年約三十餘歲，當陳哀公時，國內亂，哀公自殺，楚靈王乘機滅陳，使楚公子棄疾爲陳公，此時老子乃遷居宋之沛邑。後五年，棄疾弒楚靈王而自立，是爲平王，平王初立，欲得和於諸侯，乃求陳哀公之孫立之爲陳侯。後五十年，即周敬王四十一年，楚惠王殺陳湣公，始正式滅陳，老子此時尚在，故老子有楚人之稱。

老子爲周之守藏史，「居周久之」，故史記孔子世家云「適周問禮，見老子」，仲尼弟子列傳云「於周則老聃」，似乎老子又可稱爲周人，猶之李白遊寓山東十餘年，故舊唐書、文苑傳、直稱李白爲山東人。

出仕及官職

老子陳人也，陳爲周之封國，周室衰，諸侯互相攻伐，陳國弱小，受楚侵害，尊周室，振王綱，揚天子之權以平天下，老子當然有此思想，故出仕於周。其出仕之年，無可考證，只可就周陳之史，忖度言之：周景王十一年，楚靈王一度滅陳，時老子年約三十餘，入周求仕，應在此時。

老子學問淵博，故為周守藏室之史，又稱柱下史，史記索隱云「按藏室史，乃周藏書室之史也」。莊子天道篇「周之徵藏史有老聃者」，司馬彪注云「徵、典也」，典、主也，掌也；言掌管藏書之史也。史記張蒼傳：蒼「秦時為御史，主柱下方書」，方、版也，方書，猶言書籍也；索隱云「周秦皆有柱下史，謂御史也，所掌及侍立恒在殿柱之下，故老聃為周柱下史，今蒼在秦代亦居斯職」。左傳昭公二年，晉使韓宣子聘魯，「觀書於太史氏，見易象與魯春秋，曰周禮盡在魯矣」。禮記曾子問、疏引鄭玄注云「老聃、周之太史」。老子之官職，前人已有明確之解說。

然則守藏室史，乃精通典籍，掌管中府圖書者也；朝廷議事，常侍殿柱之下，以待諮詢，因而又稱為柱下史。柱下史，等於御史，亦等於太史，按周禮御史、太史，俱屬春官，御史掌贊書、授法令（贊君命，作詔文，書國家法令以頒授百官）；太史掌建邦之六典，以逆邦國之治；掌法、以逆官府之治（六典：禮典、教典、治典、政典、刑典、事典）；此皆須有專門學問者，方能任斯職，老子為博學大師，當然無所不宜，可知老子在周；官居高尚之職。

孔子問禮

禮記曾子問篇，曾子問天子行師，及喪葬之禮，孔子答以所聞於老聃者三則；子夏問國君居喪遇金革之事，禮當如何？孔子亦以所聞於老聃者作答；足徵孔子問禮於老子，受教頗多。

孔子凡兩次見老子，第一次爲問禮，卽史記孔子世家所載：魯君（昭公）與孔子一乘車、兩馬、一豎子，與南宮敬叔同適周見老子。第二次爲問道，卽莊子天運篇所載：孔子行年五十有一，乃南之沛見老聃。據近人所編之歷代大事年表，孔子第一次見老子，在周景王十八年（魯昭公十五年），年當二十四歲。淸閻若璩考據孔子適周在魯昭公二十四年（周敬王二年），孔子年當三十五歲。前後兩度見老子，中間相距約十六年。

據梁任公老子傳記云：老子長孔子二十歲、或三十歲。若長孔子二十歲，則第一次相見，老子年當五十五歲；若長孔子三十歲，則第二次相見，老子年當八十五歲。若長孔子三十歲，孔子生於周靈王二十一年（釋迦生於靈王十五年），則老子當生於簡王四年，孔子卒於周敬王四十一年，年七十三歲，時老子尙在，惟老子歸隱，卒年不詳，此太史公所謂「莫知其所終」歟？然莊子養生主載：「老聃死，秦失弔之」，時近戰國；有人推測老子死在孔子卒後十二年，則壽當一百十五歲；近世高齡之人有至一百七八十歲者，老子「修道養壽」得享遐齡，不足爲異。至於孔子謂「今日見老子。其猶龍耶」！乃是第二次聞道於老子之贊語，莊子天運篇言之甚詳。

歸隱及出關

老子約當周景王十一年入周爲仕，官至太史，雖未居要津，而職位非低，當亦自想盡輔治之功，然而景王亦庸君也，不能振周室之衰，其太子壽，早卒，愛少子朝，欲立之，未果而崩，庶子匄之黨與子朝爭立，王室大臣劉獻公摯、單穆公旗，立景王次子猛爲王，子朝攻殺猛，晉人攻子朝而立匄於狄泉，是爲敬王，周之世卿尹氏，擁護子朝以對抗，王不得入京，此時春秋特書曰「王室亂」，左傳昭公二十二年，記其事甚詳。戰亂四年，晉率諸侯輔王入京，子朝出奔。敬王十六年子朝之徒復作亂，王奔于晉，十七年晉定公輔王入京。老子自仕周以來，至此已三十餘年，見周室衰敗至此，紀綱廢弛，王室骨肉自相殘害，無怪天下混亂，運會所趨，無可如何，於是乃遂去官，歸隱於沛，約三年之後，孔子二次見老子，至沛問道。時至春秋之末，列國諸侯戰爭益烈，吳國圖霸，亦侵至江北，中原鼎沸，民生塗炭，秦爲四塞之國，較爲僻靜，老子爲終隱之計，於是乃自沛經鄭經周，而西去，莊子寓言篇「老聃西遊於秦」即此時也。

史記本傳云：西去「至關，關令尹喜曰：子將隱矣，強爲我著書。於是乃著書上下篇，言道德之意，五千餘言而去」。邊界入境之要道，設吏卒以查往來行人，曰關，此關爲自東入秦，自西入周之關，而究爲何關？其說不一，史記索隱謂爲大散關；或曰潼關，或謂函谷關。按大散關乃秦蜀交通之要塞，非由周入秦所經之路，自周入秦經潼關，或函谷皆有可能，而前人詩文多謂老子騎牛過函谷關，久已成爲定說。

漢書藝文志列關尹子九篇，班固自注云「名喜、爲關吏，老子過關，喜去吏而從之」。張湛列子黃帝篇注云「關令尹喜、字公度」。莊子天下篇以關尹與老聃並稱，呂氏春秋審己篇高誘注謂「關尹喜、師老子也」。總之關尹與老子同道，故強其著書。

出關西去，隱於何處？未詳。酈道元水經注卷八，就水注「水出南山（終南山）就谷，北逕大陵西，世謂之老子陵。昔李老爲周柱史，以世衰入戎，於此有冢；事非經證」。按大陵爲古鄭地，在河南臨潁縣北，此處有老子墓，酈氏以爲顯然可疑，故曰「事非經證」。唐僧道宣廣弘明集辨惑論序曰「李叟生於厲鄉，死於扶風，葬於槐里」（在今陝西興平縣東南），又道宣跋孫盛老子疑問反訊曰「老子遁於西裔，行及秦壤，死於扶風，葬於槐里」。又路史後紀注「鄠縣柳谷水西，有老子墓」。——按古人之墓未必眞爲其人瘞葬之處，或因其人對其地有關係，地方人士敬之，取其衣冠築塚，以作紀念；如江蘇江都縣梅花嶺，有史閣部之塚，是也。或爲其人之後裔遷居異地，追念遠祖，而築假墓，以供祭祀，如山東海陽縣小紀鎭，有漢大將軍紀信之墓，是也。此例頗多，故漢朝傳今文尚書之伏生有二墓，一在齊東縣，一在鄒平縣，此兩縣俱屬濟南府，其後裔世居鄒平，主祀者世居墓前之祠廟。上述老子之墓，一在興平，一在鄠縣，此兩縣俱屬西安府。老子莫知所終，而竟有兩墓，甚至三墓，亦猶上述之例也。

老子之書

老子著書上下篇，言道德之意，上篇開端曰「道可道，非常道」，下篇開端曰「上德不德」，故其書名曰道德經，或稱曰道德論，簡稱曰道論（漢書司馬遷傳「習道論於黃子」）。其學稱爲道德家，簡稱曰道家（漢書陳平傳）。

世本云「黃帝之世，始立史官，蒼頡沮誦居其職，夏商時分置左右，故曰左史記言，右史記事」。周禮天官冢宰「史十有二人」，註云「史掌書者」。可知古之史官有兩種職務，一、記事，二、掌典籍，至周時猶然。史官必須精於文學，博通典籍，楚左史倚相，能讀三墳五典八索九丘（皆古書名），楚靈王稱之爲良史（左傳昭公十二年）。老子爲周之史官，掌國之典籍。爲當時之博學大師，博覽羣書，明古今之道，故漢書藝文志、班固敘曰「道家者流，蓋出於史官」。

自黃帝時卽有史官記事，故六經以前非無書，六經而外亦有書。古人之學術多憑師傳口授，未必皆有書，例如漢志所列黃帝君臣十篇、力牧二十二篇，乃六國時始筆之於書，猶之公羊傳漢景帝時公羊壽始著而爲書，不可謂爲僞書。古學未著於書者頗多，漢志所列之書，迄今已多不見，而況六經以前之書多矣，不但後人不見其書，卽其書名亦多湮沒。老子爲太史所掌之書，決不只堯舜以下六經醫卜等書；卽堯舜以下至老子時代，其書亦決不止如今所存有者寥寥之數；知名者如三墳五典八索九丘、連山歸藏、帝魁以來禮樂之書（白虎通五經篇），在春秋時皆有之，墨子曾讀百國春秋，莊子曾閱齊諧志怪，人間世篇，引古書法言之語。古書之名，古書之語，散見於諸書者，不勝備述，可知老子當日所讀之書，豈止如莊子所云：惠施之書五車而已乎！

老子思想精深，其著書每引古書之言以明其所述之理，例如：第六章「谷神不死，是謂玄牝」一節，列子天瑞篇引爲黃帝書中之語。三十六章「將欲廢之必固興之；將欲奪之，必固與之」；韓非子說林上謂：周書曰「將欲敗之，必固輔之；將欲取之，必姑予之」。三十八章「故曰失道而後德，失德而後仁」一節，及五十六章「知者不言，言者不知」，莊子知北遊，皆引爲黃帝之語。以至二十二章「古之所謂曲則全者」，四十一章、所稱「建言有之」，六十九章，謂「用兵有言」，五十七章，七十八章所稱「聖人云」，皆顯然擧古書之語以明己之道。

朱晦庵云「五千言亦或古有是語，而老子傳之」，所謂古有是語，卽上述之例，五千言亦不盡爲古語，老子著書發表自己之學說，獨成一家之言，只採古人與己相同之言以充實理論，如莊子寓言篇所謂「重言」，藉重古人之言，以明我之見解。不然古人之書，豈止五千言而已乎？——總觀五千言之要旨曰：體天理，順自然，守常道，通變化，清靜自持，以明眞我而已。至其所講治國用兵，亦不離斯旨。

鄭康成、王輔嗣，皆謂著五千言之老子，卽孔子問禮之老聃（見禮記曾子問及論語述而篇注）。元朝陳澔注禮記引「石梁先生曰：此老聃非作五千言者」（曾子問注），近人疑古者多，乃信後說，而不信前說，謂曾子問篇之老聃爲拘謹守禮之人，與五千言之精神相反。又謂老子第三十一章、有偏將軍、上將軍等名詞，係戰國時之官名，足證五千言係戰國時人所作。又謂老子旣爲孔子師，則論語中爲何未述及老子？——夫五千言談宇宙人生之道，思想曠達，此固然也，然孔子問喪葬之禮，則須就事論事，據禮法制度以作答，若云「夫禮者忠信之薄而亂之首也」（老子三十八章），豈非等於拒絕所問，而所答非所問乎！古書多有後人竄入之文，偏將軍、上將軍等詞，宋晁說之、明王道、皆詳細考證，謂乃後人之義疏混入正文之中，不能因此卽謂老子乃戰國時人所作，至於謂論語未述及老子，卽謂老子非孔子之師，此尤爲戲論，孔子之師不止老子一人，論語皆未述及，然則孔子豈無師乎？而況鄭玄王弼楊時，皆謂述而篇「竊比於我老彭」、老卽老子，是則論語已述及老子矣，卽未述及，亦不得謂著書之老子非孔子之師也。

後裔

史記、老子傳「老子之子名宗，宗爲魏將，封於段干，宗子注，注子宮，宮玄孫假，假仕於漢孝文帝，而假之子解爲膠西王卬太傅，因家於齊焉」。此老子後裔之簡述。

按所謂老子之子宗，卽魏世家所稱之段干子，亦卽戰國策、魏策所稱之段干崇（宗與崇古音同），魏策云「華陽之戰，魏不勝秦，明年將使段干崇割地而講」。事在魏安釐王四年，卽周赧王四十二年。孔子之子伯魚生於周景王十三年，老子雖年長於孔子，生子未必先於孔子，卽云老子之子與孔子之子同年而生，而自景王十三年至赧王四十二年，宗已二百五十一歲，而猶爲魏將，此三尺童子亦不信也。因此又爲疑古者增加老聃與老子決非一人之理由，謂著書之老子爲戰國人，故其子爲魏將，此決非孔子問禮之老聃明矣。再加以所謂「假之子解爲膠西王卬太傅」，按老子傳內之世系推之，解爲老子之八代孫，漢文帝十六年始封卬爲膠西王，則解與孔子之十二代孫孔安國爲同時，老子爲孔子之前輩，其後裔至漢文帝時僅八代，而孔子之後，則已至十二代，此又顯然著書之老子爲戰國時人，不然，孔子問禮之老聃，其八代孫豈能與孔子之十二代同時乎？

史記所述老子後裔世系，固然不無疑問，然其問題不在上述之內，老子之子若與孔子之子年齡相等，而至周赧王四十二年，已二百五十餘歲，一代之年歲如此其長，此固不可信，而自赧王四十二年，至漢文帝十六年，七代子孫僅一百零九年，年歲又如此其短，此亦令人難以相信。若按老子之子與孔子之子同爲周景王時生人，則下至漢文帝十六年，共三百五十餘年，其間子孫衍傳至八代亦可能，衍傳至十二代亦可能，皆無可疑。據孔子世家、孔子之子伯魚以下除子思享年六十二歲而外，下至十二世孔安國，壽之最高者爲五十七歲，可謂皆不永年，則傳至漢文帝時爲十二代，亦爲常理。古人分壽爲三等，老子百歲以上爲上壽，莊子盜跖篇謂「中壽八十」，淮南子原道訓謂中壽七十，老子之子孫如爲中壽，則傳至漢文帝時爲八代，與孔子之十二代孫同時，亦爲常理。然則此中之問題在乎爲魏將之宗，非老子之子，而爲老子之曾孫或玄孫，則傳至漢文帝時，即不止八代矣。若謂宗爲老子之子，子一代二百五十餘年，以下七代僅一百零九年，顯然爲誤。或者宗之前數代，世不聞名，而宗爲魏將，且受爵封，爲當時之顯者，世皆知其爲老子之後，不知其爲老子幾代之後，傳至年久，至史公修史時遂錄所聞之傳說而誤爲老子之子歟？總之不能執此問題以證孔子問禮之老聃，與著五千言之老子非一人。

至於老子姓老，其後裔何以姓李，此更不足爲異。古昔姓氏本無固定，黃帝姓公孫，而又以姬爲姓，帝堯爲高辛氏之子，而改姓伊耆氏。武王周公爲兄弟，俱姓姬，而邘晉應韓四姓、爲武王之子；凡蔣邢茅四姓、爲周公之後（左傳僖公二十四年），范睢改名張祿，曹操原姓夏侯，胡廣本姓黃，爲胡氏養子，遂改姓胡；嵇康本姓奚，因避怨徙家於嵇山，因以為姓；自古以來，此例頗多。蓋老子之後裔，在漢時已改姓李，故史公作老子傳曰「姓李氏」，而新唐書宗室世系表，直稱段干宗曰李宗。漢武帝丞相田千秋，以年老，乘小車出入禁中，時號車丞相，其子孫因改姓車，而班固漢書、直作車千秋傳，子孫改姓，追及祖先，老子姓李即此故也。

二、老子哲學

老子之哲學，由觀察宇宙，體驗人事，而闡發「相對論」。其對宇宙之觀察，不重在大地河山物質之表面，而認為物質之形態出現，具體顯然可睹，其所以如此，必有潛在之力量，——卽生命，亦卽本體，本體無形無象，不可捉摩，然不可謂空無所有，此卽所謂形而上學。中國最古之典籍講形而上學者，易經而外，則為老子，故吾師熊十力先生謂「老子之學，源出於易」，又稱「老莊為易之別派」（十力語要），蓋老子明乾道變化之理，體人生自然之義，如「易」學之通乎天地，窮神知化（繫辭），同其要妙，豈止如班固所謂「合於堯之克讓，易之嗛嗛（謙）」者乎（藝文志）！

繫辭云「一陰一陽之謂道」。一陰一陽相對，其變化、調諧、發揮功能，生養萬物之理，卽謂之「道」。「道」燮理陰陽，統屬萬物，為宇宙之本體，為絕對而神聖者也，故老子稱之曰「大」、曰「一」，五千言第廿五、卅九各章、反覆稱頌「道」之德能。其哲學重心：由相對之理而悟絕對之道，明相對之理而守絕對之道，「道」廣大悉備，包羅萬有，其應用於人事方面者、爲「無爲而無不爲」，此五千言之要義，簡述如下：

(一)本體論——道

人類思想進步，總欲追尋宇宙萬物由何而來，萬象變化以何爲本，此卽本體論之所由起。宇宙無涯，玄妙莫測，人之智力有限，以有限之智力，測無涯之宇宙，豈非以管窺天，以蠡測海？此問題恐永難得正確之答案，故議論紛紜，至今不決。

如確信宇宙爲神所造，則宇宙生成之原動力在神掌握之中，此則神便爲宇宙之本體，只研究神便可解決一切問題。然而神也者，只許信仰，不能研究，於是本體問題仍爲問題，仍須於宇宙本身研究之。宇宙萬物有形可據，按其實而析其理，較爲可信。希臘初期三哲人泰利斯見水之善變，變而之上，則爲雲、爲氣，由氣而成火；變而之下，則爲水、爲土；且萬物莫不含水，動植物非水無由生；遂以水爲宇宙之本體。安那西曼德，則以爲宇宙本體爲冷熱二質混合成流體，由此流體而演化成宇宙。安那西門尼斯則以爲宇宙之本體乃萬有之氣也，萬有之成毀無非出於一氣之聚散，動植物之生長亦賴此一氣以維持之，且氣之稀薄則為火，凝聚則為風、為雲、為雨，為土石，其變化無窮，故氣者，宇宙之本體也。「波斯教」則以火為萬物之本。中國先秦學者，則以為宇宙萬物繁雜，其成分不單純，決不能指出某一項可以賅括萬物，遂舉出金、木、水、火、土（名曰五行），以代表宇宙之本質，左傳昭公十一年「譬之於天，其有五材」，杜預注云「五材卽金木水火土」。又三十二年「天有三辰，地有五行」。國語、魯語云「及天之三辰，民所以瞻仰；及地之五行，所以生殖也」。鄭語云「故先王以土與金、木、水、火雜，以成百物」。此皆言五行足以代表天地萬物。及陰陽家出，遂正式演出五行化生萬物之說，以五行配四方，以五行配四時，以五行配五音、配五色，乃至配人之五臟全身；五行可以解釋一切事理，此顯然以宇宙之本體為五行。印度哲學亦有「四大（地、水、火、風）生一切有情」之說，與陰陽家之說相似。

以上之說，對宇宙之觀察，皆從物質方面着眼，亦卽皆着眼於「有之方面，老子不否認「有」，但「有」尚有相對之一面，卽「無」是也。以為「天下萬物生於有，有生於無」（第四十章），宇宙生生不息之奧妙，不能徒從有形方面窺測，有形乃萬物生命過程之一段，有、終歸於無。故曰「夫物芸芸，各歸其根」（十六章），根卽根本，卽生命之源，此屬於形而上者，故名之曰「無」，「無」卽為宇宙之本體。然「無」並非空無所有也，以其「視之不見，聽之不聞，搏之不得」，「其中有精」，包羅萬有之原理，包羅無限之妙用，就其體而言名曰「無」，就其用而言名曰「道」，故「道」卽宇宙本體。老子形容道禮云：

「有物混成，先天地生。寂兮寥兮，獨立不改，周行而不殆，可以爲天下母。吾不知其名，字之曰道，強名之曰大」（第二十五章）。

「視之不見名曰夷，聽之不聞名曰希，搏之不得名曰微。此三者不可致詰，故混而爲一。其上不皦，其下不昧，繩繩不可名，復歸於無物。是謂無狀之狀，無象之象，是謂恍惚。迎之不見其首，隨之不見其後」（十四章）

「道之爲物，惟恍惟惚，惚兮恍兮，其中有象；恍兮惚兮，其中有物；窈兮冥兮，其中有精，其精甚眞，其中有信」（二十一章）。

「道沖而用之，或不盈，淵兮似萬物之宗。挫其銳，解其紛，和其光，同其塵，湛兮似或存，吾不知誰之子，象帝之先」（第四章）。

「道」本不可以言語形容，不可以名相比擬，因其視之不見，聽之不聞，搏之不得，歸於無物，可名爲「無」，然而無非眞無，「恍兮惚兮，其中有物」，是謂無狀之狀，無象之象；此猶之大乘起信論所謂「眞如自性，非有相，非無相，非非有象，非非無相，非有無俱相」。如用種種名詞加以分別，皆不相應，故說爲「空」，老子則說爲「無」，所謂空、無，並非「眞空」，其中有精，其精甚眞，猶如起信論所謂「如實不空」。

不空、故「道」爲萬有之源，有無限之妙用。「道生一，一生二，二生三，三生萬物」（四十二章），故「可以爲天下母」，「似萬物之宗」，「是謂天地根」，故老子之「道」，卽周易之「太極」，佛謂之「自在」，西哲謂之「第一因」，佛又謂之「不二法門」，卽萬化之所由起，卽「本體」之謂也。

韓非子解老謂道爲「萬物之理」。道爲事物當然之理，故道理二字合爲一詞，宇宙間一切事物，皆先有其當然之理，而後如理以實現。一切事物皆爲相對，惟道爲絕對，「獨立而不改，周行而不殆」，其力量之偉大，未有能加乎其上者，若謂宇宙爲神—上帝所造，亦必先有其理，而後能成厥功，故曰「吾不知其誰之子，象帝之先」。

朱子云「道者、無形之理也」，有其理，方有其事，若無某種理，必不能產生某種事。照事理方面而言：先有國家社會之原理，而後始有國家社會出現。照物理方面而言：輪船、飛機未發明以前，而其理早已存在；及人之聰明發現其理，而始實現於有形之事物。宇宙間事物之理無窮，故人之發明亦無窮也。

或曰：有其事，方有其理，若無其事，何以明有其理，若無飛機輪船，何以證有飛機輪船之理？曰：此不然也！百層高樓未造出以前，其理固已有之，雖無人建築百層高樓，亦不能謂無其理也。中國先秦以前之學者，卽有地圓之說（見大戴禮、曾子天圓篇），爾時雖未作實際之徵驗，但不能謂無其理，不能謂及十六世紀麥哲倫環遊世界一周，始有地圓之理。邵康節以易學推算天地始終之數，推出宇宙將來毀滅之日；近世天文學家，以科學推測，亦推出將來天地毀壞之日；是則宇宙毀滅之理固已先在，但不能曰迨見宇宙果然毀滅，始足徵有其理也。宇宙未毀滅之前，其毀滅之理早已先在；亦猶之宇宙在未生成之前，而其生成之理早已先在，故老子謂「道」乃先天地而生者也。

韓非子解老云「道者萬物之所然也」，所然，卽所以然。老子云「人法地，地法天，天法道，道法自然」（二十五章），亦卽言宇宙一切皆法道；道法自然，卽言宇宙一切皆本乎自然，萬物之所以然，卽自然；則「自然」又爲道之別名。彷彿自靜之方面而言，謂之道，自動之方面而言，謂之自然；又似乎道爲體，而自然爲用。

何謂自然？寒來暑往，晝明夜晦，自然也；雲騰致雨，露結爲霜，自然也，羽翔鱗潛，鳶飛魚躍，自然也；桃紅柳綠，春華秋實，自然也；人之獨具性靈，明理達道，自然也；目何以能視？耳何以能聽？自然也；此皆不可致詰者也，故老子云「夫莫之命，而常自然」（五十一章）。萬物芸芸，各有其自然之理，順時應化，不知其所以然而然，各適其性，各由其道，卽爲自然。自然之理主宰一切，未有能違抗者，近世人對於物質科學之運用，稱爲征服自然，若按道家之說，則只可謂應順自然，善用自然，不可謂征服自然，何也？蓋自然之理經常不變，非人力所能征服，例如運用蒸氣，或運用電力，皆須應其自然之理，順其自然之性，爲之顧慮周到，設備完善，彼始肯與人合作，爲人所用，假如逆其理而違其性，彼則與人決裂，使人無法抵抗。物理如此，一切事理皆然，處理任何事，若能應順其自然之理，便可迎刃而解，否則悖理妄爲，必歸失敗。道家之自然，即佛家之眞如，其理獨立而不改，眞常而不變。明僧石樹詩云「日月自光華，雲霞自靉靆，恢恢大地中，那許微塵蓋，俗眼縱流遷，至道何曾改」。至道即眞理，即自然不變之道，即「天地之根」，即宇宙之本體，大乘起信論所謂能「攝一切法」者也。

(二)無爲而無不爲

「道」體無形，而具有萬有之能量，有無限之妙用，老子由道之功用，體悟「無爲而無不爲」之理，五千言中發明此義甚多。道之本身爲自然，爲無欲。自然、無欲，故無私。天無私覆，地無私載，日月無私照，四時無私行，行其自然之德，而萬物得生長焉。無私、不私有所爲，有當然之律，各適其自然之性，不加干涉，是以「萬物作焉而不辭，生而不有，爲而不恃」（第二章），「功成不名有，衣養萬物，而不爲主」（三十四章）。試看！風雲雨露之佈施，皆出乎自然，行其所無事；在天地之本身爲「無爲」，然而萬物賴之以生，而實際乃「無不爲」。荀子云「天行有常，不爲堯存，不爲桀亡」（天論篇），常道即自然之道，道並不因堯舜之仁而始存在，亦不因桀紂之暴而即消亡；人自離乎道，道何離乎人？「天地不仁，以萬物爲蒭狗」（第五章），天所守之法則爲自然，自然之道天且不能違，人當法天，如違背自然，私心縱慾，悖理妄爲，自投苦海，自掘墳墓，天亦只得任其自然，比之如芻狗，聽其自消自滅亡而已。故優勝劣敗，新陳代謝，各由其性，天道「無爲」也。然而其自然之德「獨立而不改，周行而不殆」。「不爭而善勝」，「天道無親，常與善人」（二五、七三、七九章），其實又「無不爲」矣。

「無爲而無不爲」，可知「無爲」並非無所作爲，無所事事，而是效法天道之自然，「從容中道」，不悖理以多事紛擾；效法天道之無私，光明正大，不枉道以強有所爲。淺而言之，例如與他人共事，其人固執己見，而我則坦白爲懷，曰「我無所爲」，無所爲卽放棄私見，與人合作，如此則事易成功。又如對事須明察其理，握其要領，本末先後，順序前進，如事乃天定一般，決不弄巧成拙，因之事半功倍；此皆無爲之功用也。

簡而言之，無爲之涵義：一爲屏除私心，遵道而行，不故意有所作爲；二爲秉要執本，以簡御繁，不多事紛擾。無爲之法則，正所以達到無不爲之目的；無爲之功用，可以應用於一切世事；略述如下：

(一)應用於政治方面

一、以無事取天下——取天下，卽得天下，治天下，無事卽無爲；卽不爲爭取帝位與操縱政權而有所作爲。三皇無爲之治，卽以身率正，領導群倫，安定社會，共存共榮而已，未曾居心取得君位，然而民心悅服，同心愛戴。後世爭天下者多矣，皆專爲攫取政權強有所爲而失敗。嚴幾道云：「雖有開創之君，櫛風沐雨，百戰苦辛，若漢高唐太之開國，顧審其得國之由，常以其無事者，非以其有事者也。若夫秦隋之君，所以既得而復失者，正欠此所謂無事者耳」（老子第四十八章評語）。柴世宗恐臣屬奪其帝位，見諸將方面大耳者，皆殺之，趙匡胤終日侍其側，而不見疑，後柴氏之位，終被趙氏所得（見宋史太祖紀）。「有虞氏未施信於民而民信之；夏后氏未施敬於民，而民敬之」。「殷人作誓，而民始叛；周人作會，而民始疑」（檀弓下）。苟不明無爲之旨，專於有爲於壟斷政權，巧設種種法令，防制人民謀反，結果竊國篡位者，卽在其左右之間也。故老子云：

「無爲而無不爲。故取天下常以無事，及其有事，不足以取天下」。——四十八章。

「將欲取天下而爲之，吾見其不得已。天下神器，不可爲也；爲者敗之，執者失之」。——二十九章。

「以正治國，以奇用兵，以無事取天下，吾何以知其然哉？以此：天下多忌諱，而民彌貧。……法令滋彰，盜賊多有，故聖人云：我無為而民自化，我好靜而民自正，我無事而民自富，我無欲而民自樸」—五十七章。

二、功成不居—專制帝王以政權為私有之物，故千方百計，使民服從，以保其位。聖人為政，任道以為治，不以己意為治，以身作則以為教，不以刑罰為教，日理萬幾，以達治平，而不居其功，故云：

「聖人處無為之事，行不言之教，萬物作焉而不辭，生而不有，為而不恃，功成而不居。夫惟不居，是以不去」（第二章）。—又第十章、第三十四章，皆言此意。

三、無欲—無道之君何以苦苦為保持帝位，殺盡天下人亦所不惜？蓋即為其富貴尊榮之享受而已，此即私欲作祟也。私欲足以昏亂人心，失却理智，放縱私欲，豈能無為？「天下熙熙皆為利來，天下攘攘皆為利往」（史記貨殖傳），普通之人為利欲而奔勞，不過自身苦惱，帝王縱欲無度，刮人民之脂膏以自肥，荼毒天下，豈非自趨危亡乎！故老子云：

「聖人去甚、去奢、去泰」。—二十九章。「我無欲，而民自樸」。五十七章。

「聖人欲不欲，不貴難得之貨」。—六十四章。

「我有三寶，持而寶之，一曰慈，二曰儉，三曰不敢為天下先」。六十七章。

「民之飢，以其上食稅之多，是以飢；民之難治，以其上之有爲，是以難治」。七十五章。

四、棄智—以權術控制人民，不能服人之心；以譎計牢籠人民，政治便失其信；故周厲王使巫監謗，徒令人敢怒而不敢言；梁惠王移民移粟，雖行惠於民而民皆離心。蓋作僞取巧之技，無不心勞而日拙；朝三暮四之術，欺人適所以自欺也。故老子主張以正治國，謂：

「絕聖棄智，民利百倍」。「絕巧棄利，盜賊無有」。—十九章。
「道常無爲而無不爲，侯王若能守之，萬物將自化」。—三十七章。
「民之難治，以其智多，故以智治國，國之賊；不以智治國，國之福」。—六十五章。

五、民主—迷心外化者，對西方之一切以爲無不新穎；對中國之一切，則以爲無一是處。例如對「民主」一詞，尊之若神明，謂中國只有君主思想，而無民主思想，故對中國數千年來之政治大加辱罵。其稍作持平之論者，以尚書有「民惟邦本」之說（五子之歌），而經典不見有「民主」之辭，遂謂中國只有民本政治而無民主政治。夫以人民爲本與以人民爲主，有何不同？君主制度，賢能主政，「民之所好好之，民之所惡惡之」（大學），「罔咈百姓以從己之欲」（大禹謨），孟子云「民爲貴，君爲輕」（盡心篇），趙威后云「苟無民何有君」（戰國策、齊策），此非民主政治，民主思想乎？卽今之民主制度，亦爲少數賢能執政，豈人人能干預政治乎？人人干預政治，對政府掣肘，其政治失敗，豈不失却民主之旨？天下事理相對，偏於一端，皆不合理，老子身當君主時代，而却主張民主政治，蓋以人民爲主，方能無爲而治，若專制獨裁，強有所爲，多事擾民，此自趨覆亡也。觀老子之言云：

「愛民治國，能無爲乎」？—第十章。

「聖人無常心，以百姓心爲心，善者吾善之，不善者吾亦善之，德善。信者吾信之，不信者吾亦信之，德信。聖人在天下，歙歙爲天下渾其心，聖人皆孩之」（四十九章），—善者吾以善待之，不善者吾亦以善待之，使之得到善之感化。信者吾以信待之，不信者吾亦以信待之，使之得到信之感化。此卽二十七章所謂「聖人常善救人，故無棄人」。聖人對天下，歙歙與人相和，渾同其心，大而化之，「無偏無黨」，如父母之對嬰兒，慈愛之懷，無所厚薄。似此愛民如子之政治，民皆心悅誠服，豈不勝於今日之民主政治乎？

老子警告暴惡之君云：「民不畏威，則大威至」（七十二章）。—管子四順篇云「政之所興，在順民心；政之所廢，在逆民心」。順民心，卽「無爲」也；順民心，則民樂從，而百事興，卽「無不爲」也。倘不以正治國，不重民意，惟憑權勢之威以鎮壓人民，如此，則積怨日深，及至人民不能忍受之時，揭竿而起，衆怒難犯，而人民之大威至矣！於是暴君汙吏只得坐以待斃矣！

無爲之功用應用於政治者略如上述。至於第三十章謂：「以道佐人主者，不以兵強天下」。三十一章謂：佳兵不祥「樂殺人者，不可得志於天下」。六十九章謂：「用兵有言，吾不敢爲主而爲客」，皆爲反對爲戎首者發動戰爭，以武力施行侵略。六十章謂「治大國，若烹小鮮」，大國地廣民衆，其政治並足以影響小國，對于政令之擧革，尤當愼重，不可輕率多事以擾人民。六十一章謂：大國對小國謙下自處，小國自然歸服；徒恃武力征伐，未有不失敗者也。凡此諸說，皆無爲之旨也；皆無爲而無不爲之道也。

(二)應用於處世方面

道體無爲而自然，事理相對以爲常，老子在此規律中發現「反者道之動，弱者道之用」之理（四十章），又見世人競於有爲，莫不欲佔優勝之地位，而佔得優勝之地位，多恃強力以爭取，人人皆趨向強之一面，結果走入極端而陷於絕境。須知「道」之運行，循環反覆，強弱乃相對之事，天地間豈能只有強者存在，而無弱者存在？且物極必反，剛則必折，銳則必挫，強並不能長保，若一味爭強，在自身方面，「物壯則老」（三十章），力竭則頹；在對外方面，招怨惹尤，必遭摧毀；所謂：好勝者必遇其敵，「強梁者不得其死」也（四十二章）。

因此老子主張「守柔」，守柔並非怯懦畏縮，甘受強者之欺凌，而是不恃強以用事，此中兼含謹愼之意，「豫兮若冬涉川，猶兮若畏四鄰」，步步留心，事事警惕，所謂「微妙玄通，深不可識」（十五章），不暴露己身之能力，以便隨機應變以處事。所以守柔並非眞柔，「弱者道之用」，弱者、虛而不盈也，弱乃合乎道之一種作用，乃體驗物極必反，及相反相成之理，而善爲運用；此與西哲黑爾所說思想發展之法則：正、反、合之三階段相似，事物發展到極點，必變爲其反面，欲保持平衡，必先含反面之分子，故老子云「守柔曰強」、「柔弱勝剛強」（七十六、五十二、三十六章）。柔不但能與剛相對，而且可以克剛，此乃眞強。知其雄，故守其雌以制之；知其白，故守其黑以待之（二十八章）。是以「大成若缺，其用不弊；大盈若沖，其用不窮。大直若屈，大巧若拙」（四十五章），知其優點而能扼其劣點，知其正面而能捉其反面；所謂若缺、若沖、若屈、若拙，實乃非缺、非沖、非屈、非拙，此卽正，反之「合」，凡事不走極端，常處於合，始能如十六章所云「沒身不殆」。

諺云「老實常存在，剛強惹禍多」。社會之亂端，皆爲剛強之徒所造成。且從來逞強作亂者，必死於正義制裁之下，故老子云「堅強者死之徒，柔弱者生之徒」（七十六章），「天道無親，常與善人」（七十九章），人欲袪禍致福，不但當守分而不逞強，且對人處世，應效法「上善」，何謂上善？第八章云：

「上善若水，水善利萬物而不爭，處衆人之所惡，故幾於道。居善地，心善淵，與善仁，言善信，正善治，事善能，動善時，夫唯不爭，故無尤」。

老子屢屢贊美水之德性，比水爲「上善」，教人處世以水爲法，水本「無爲」，而萬物俱受其澤潤以生，水乃「至柔」，然而「攻堅者莫之能勝」（七十八章），水處於卑下之地，然而「江海所以能爲百谷王者，以其善下之，故能爲百谷王」（六十六章），人若能效水之德性，則有力量而不耀強，有益於世而不爭功，謙下退讓以化導世人，此卽「上善」，此卽合於道矣。

處世之道，尤忌暴露鋒鋩，炫耀本領，格外滋事，自擾擾人，此類行爲，不外逞強之行爲，亦卽有所爲之自私行爲，故老子主張：

「挫其銳，解其分，和其光，同其塵，是謂玄同；故不可得而親，不可得而疏，不可得而利，不可得而害，不可得而貴，不可得而賤，故爲天下貴」（五十六章）

如此，既不出風頭與人爭勝，亦不立異以爲高與人判離。其德「獨立而不改」，不受衆人之左右，不受世俗一切之引誘，此乃眞爲天下之貴人。立身雖貴，然而不傲睨萬物，與世無競，而樂於爲善，以爲「既以爲人，己愈有：既以與人，己愈多」（八十一章）。

，「衆人皆有以，而我獨頑似鄙」（二十章），衆人皆有所爲而爲，而我却如愚頑無知一般，利害得失視之淡然，悠悠然大自在之人也。

總上所述，老子處世之道：爲柔弱、謙卑、居後、不爭，此「無爲」之態度也。如此，對人方面不發生磨擦，在己身方面柔弱非眞柔，謙卑並不低下，「後其身而身先，外其身而身存」（七章），夫唯不爭，故天下莫能與之爭（二十二章），此皆反乎「有爲」者也，然而「無不爲」之理卽在此中，人人如此，世間安有紛爭之患！

㈢應用於個人修養方面

渾厚元善，不爲外物所惑，亦不爲外物所傷，純正自然，物我兩利，此天賦之至性，亦卽眞我。樂記云「人生而靜，天之性也；感於物而動，性之欲也」。天性本善，每因惑於物欲，而汩沒天性，老子教人修養之道，卽在保持天性，完成眞我，以「樸」比天然純眞之道，以嬰兒形容眞我。嬰兒之心，誠實無僞，純然天理，故老子屢屢稱贊嬰兒之德性曰「專氣致柔，能嬰兒乎？」（十章），專於自身守其本然冲和之氣，外無愛惡之對象，故不向外肆力。「我獨泊兮其未兆，如嬰兒之未孩」（二十章），俗人陶醉於榮利之中，我獨視若無睹，如嬰兒尚未解言笑一般，不受外物之動搖。曰「常德不離，復歸於嬰兒」（二十八章），嬰兒心無妄想，故無妄爲，常德者、經常不變之道，能守常道，心無邪念，恢復嬰兒坦然自如之心境，此卽歸於道體。曰「含德之厚，比於赤子」（五十五章），赤子無機詐侵害之心，含德之厚者，敦龐克己，不與人爭，可與赤子相比。——總之，嬰兒天眞爛漫，無求無欲，終日欲號則號，欲息則息，皆無所爲，恬然自在。如此德性，始能胸懷磊落，無入而不自得，孟子謂「大人者，不失其赤子之心者也」，大人者，聖人也；耶穌云「爾等若不轉變成嬰兒之態度，斷不能進天國」，能進天國，卽爲神聖，故老子教人恢復嬰兒之德性，卽教人修養成聖人，易言之，亦卽完成眞我。此種修養，爲下述三大要領：

一、少私寡欲——社會人群，公私相對，有私乃有公，個人爲私，群體爲公，無個人則無社會，無社會則個人亦不能獨存。禮運云「飲食男女，人之大欲存焉」，人不能無欲，故私欲問題，不能禁絕，必須解決。然人之私欲無限，俗人往往偏於私而貪於欲，因而循私欲而害公益，其實害公亦正所以害己，故老子教人「少私寡欲」（十九章）。富貴名利，私欲也，然於分內得之，則公私兩利，若不以其道得之，則公私兩傷。物質享受，私欲也，然養生足矣，如奢侈無度，錦衣玉食，猶嫌不美；聲色玩好，食求無厭；爲物慾作奴隸，毀自身之性靈，如老子所云：

「五色令人目盲，五音令人耳聾，五味令人口爽，馳騁田獵，令人心發狂，難得之貨，令人行妨」。（十二章）

人生完全陷於物欲之中而不能自拔，其自身之害猶爲小事，而其私欲作祟，理性喪失，不惜作惡爲非以妨害他人，自古社會之亂，大都由此而起，故老子曰「咎莫大於欲得」（四十六章）。人爲物欲所迷，則失却素樸，素樸者純眞之天性也。生活爲私事，爲天性之事，但放縱私欲者，適以斲喪天性，自蹈危亡之途，聖賢至人，恬淡爲懷，不行險以圖僥倖，自外表觀其「無爲」，確乎無私，而其遵道而行，適所以成其完善之人生，以其無私「故能成其私」（七章），故老子教人「見素抱樸，少私寡欲」。

二、淡泊——淡泊與少私寡欲有連帶關係，淡泊必然少私寡欲，少私寡欲必能淡泊。淡者、平淡也，中和也，泊者、棲止也，靜也，故淡泊與恬淡之義同。富與貴是人之所欲也，然世事每不能如人意，得之不必趾高氣揚，失之不必垂頭喪氣，且有得必有失，人生何必苦苦有所求哉？此之謂淡泊。若夫不甘淡泊者，熱心名利，其未得之也，患不能得；既得之，又患失之；因此，機詐殘忍，無所不爲，結果罪不可逭，死有餘辜。

就日常生活而言，清心寡欲爲養生之道，即財產富厚亦不宜奢侈浪費。燈紅酒綠，紙醉金迷，適足以斲喪性靈，五色五味，刺激愈烈，愈足以傷損身體。而況享受愈高者，貪求愈多，定必不擇手段，巧取妄奪，以求厭其欲壑，「高樓一席酒，窮漢半年糧」，此社會之亂端也。

由淡泊之義，老子又指出人當知足、知止，淡泊並非「以自苦爲極」（莊子天下篇），苟力之所及，老子並不反對「甘其食、美其服、安其居」（八十章），而乃要有節度，要「去甚、去泰、去奢」（二十九章），苟境遇所限，君子固窮，雖簞食瓢飲，居陋巷，亦自得其樂，故曰「知足者富」（三十三章）。不知足，則貪得妄取；不知止，則越禮犯義；故曰「知足不辱，知止不殆」（四十四章）。「多藏厚亡」，當知足也；「居高思危」，當知止也；知足則知止矣，子房之「功成、名遂、身退」，知足知止也；李斯之狡詐爭權，禍延三族，不知足不知止也；故曰「禍莫大於不知足，咎莫大於欲得，故知足之足，常足矣」（四十六章）。

三、清靜——清者、心境清朗，神智清醒，靜者、恬澹沉默，心平氣和；惟清靜始能免輕率浮躁，多事妄動之失；惟如此，始能沉着踏實，深思明辨以處事；二十六章云「重爲輕根，靜爲躁君，輕則失根，躁則失君」。清靜亦與少私寡欲有關。若放縱私欲，每日競逐於紛華之場，則利令智昏，身爲物役，豈能清靜？爲學修道，尤重乎此，莊子云「其嗜欲深者，其天機淺」（大宗師），禮云「清明在躬，志氣如神」（仲尼閒居），惟清靜乃能修養天機，培育性靈，此須於「致虛守靜」作工夫（十六章），致虛者，胸境曠朗，一片空靈，外物不能侵入；守靜者、心無雜念，專默精誠，神不外馳；惟致虛乃能守靜，此道家最重要之修鍊工夫，用之以探宇宙之賾，研人生之理，則「用志不分，乃凝於神」（莊子達生篇），鉤深致遠，徹達妙悟，眞有不可思議之功。

四、守常愼事——星隕如雨，暑天飛霜，高岸爲谷，深谷爲陵，天地亦或有失常之時；然而四時運行，百物蕃生，大造無私，各隨其性，天地有其不變之常道。情隨事遷，昨是今非，「正復爲奇，善復爲妖」（五十八章），人爲之事，亦每有變；然而好善惡惡，人有通性；物極必反，理有固然；天道人事，皆於變動不居之中而有其不變之理，此卽老子所謂「常」。十六章云「知常曰明，不知常，妄作凶」，對于人生應遵之道，自古聖哲有一致之見解，此一致之見解，卽爲常道。能知此常道爲當然之理，卽爲明智，反之，則背道妄爲，是自求禍也。二十八章講「常德不離」，五十二章教人「襲常」，常道卽天地自然之道，人與宇宙一體，人當效法天地，故「天行健，君子以自強不息」，「地勢坤（順也），君子以厚德載物」（易、乾卦、坤卦），人稟天地之性靈以生，「是非之心，人皆有之」，人苟不昧良知，自然能「知常」，知常而守之，此之謂有道有守。

人生之路曲折，世事繁雜多端，必須明察事理，細心謹愼，始不致有失。對人須有知人之智，對己須有自知之明，知人始能識別邪正，免遭危害；自知始能改過遷善，克己自強；故曰「知人者智，自知者明，勝人者有力，自勝者強」（三十三章），其對人之道爲：

「處衆人之所惡」（八章）。「俗人昭昭，我獨昏昏；俗人察察，我獨悶悶；澹兮其若海，飂兮似無所止。衆人皆有以，而我獨頑似鄙。我獨異於人，而貴求食於母」（二十章）。

其對己之道爲：

「曲則全，枉則直，窪則盈，敝則新，少則得，多則惑。是以聖人抱一爲天下式。不自見故明，不自是故彰，不自伐故有功，不自矜故長。夫惟不爭，故天下莫能與之爭」（二十二章，參閱二十四章）。

其處事之道爲：

「爲無爲，事無事，味無味，大小多少，報怨以德，圖難於其易，爲大於其細。天下難事，必作於易；天下大事，必作於細；是以聖人終不爲大，故能成其大。夫輕諾必寡信，多易必多難，是以聖人猶難之，故終無難」（六十三章）。

「其安易持，其未兆易謀。其脆易破，其微易散。爲之於未有，治之於未亂，合抱之木，生於毫末；九層之臺，起於累土；千里之行，始於足下。爲者敗之，執者失之。聖人無爲，故無敗；無執，故無失。民之從事，常於幾成而敗之。愼終如始，則無敗事。是以聖人欲不欲，不貴難得之貨；學不學，復衆人之所過，以輔萬物之自然，而不敢爲」（六十四章）。

對人處事之道如此，其戒愼警惕，並非怯懦，而乃兢兢業業，不敢怠忽，總以眞誠確實爲本。凡事不抱奢望，不求有功，先求無過，蓋無過而後方克有功，無爲而無不爲之義在其中焉。

總上簡分三方面述無爲而不爲之功用，其理一貫相通，例如：處世貴守柔，而治國亦忌恃強權；處世宜謙下，而治大國亦當若居下流；修身宜清靜寡欲，而治國者「無欲以正，天下將自正」（三十七章）。修身、處世、治國，皆同一理，道德之極，內修既達乎聖境，施之於外，則可以治天下，內聖外王，其義一也。

彼夫誤解無爲之旨者，或以老子講「無知無欲」，「絕聖棄智」（三章、十九章），爲泯滅知識；此大謬矣！夫老子教人知常、知雄、知白、知人、知楷式、知不知、不出戶知天下（十六、二八、三三、七一、六五、四七各章），其重視知識可以見矣！如無知識，豈能「明白四達」，體悟玄德，而入衆妙之門乎！

㈢相對論

宇宙萬物各有其生存之理，其理統攝於自然、品類萬殊，各順其性命之理，謂之道。萬物芸芸，生住異滅，幻化無常，莊子天運篇謂「變化齊一，不主故常」，雖不守故，不執常，而總歸於變化，其變化之理今古一致「獨立而不改，周行而不殆」，所謂絕對者也，故惟道爲大。

道無所不在，其所顯示者爲大公，老子云「天之道，猶張弓乎！高者抑之，下者舉之，有餘者損之，不足者補之」（七十七章）。萬物各適其性，不能齊一，天道無偏無頗，故世事皆有相對之理以爲調劑。老子深識天人之妙義，因而闡明相對論，以啓廸世人。

世人只知「有」，而不知「無」；只知「利」，而不知「害」；「知進而不知退，知存而不知亡，知得而不知喪」（易、乾卦），老子則特悟人之所不見所不知者，特舉事理相反之一面，提起人之警覺，使人知所戒愼；以自心爲主，不受外物之搖動，審察事理，明其大體，不陷於偏傾，此乃「見獨」識微之智，易曰「知進退存亡，而不失其正者，其惟聖人乎」（乾卦）！而有人誤以老子之說爲消極主義，豈不謬乎！略舉老子相對之語如下：

「天下皆知美之爲美，斯惡矣。皆知善之爲善，斯不善已。故有無相生，難易相成，長短相形，高下相傾，音聲相和，前後相隨」（第二章）。——人性本有善惡兩面，世俗所謂美善，多由人之情欲而定，故此以爲美，而彼以爲惡，此以爲善而彼以爲不善。且人間世亦無絕對之美善，如人人皆以某事爲美善，則物極必反，日久生厭，必有人指發其缺點，其事便變爲不美不善。故善惡之相對，如有無、難易、長短、高下、音聲、前後等等，同爲必然之勢。

「唯之與阿，相去幾何？善之與惡，相去何若？」（二十章）。——唯，爲恭敬之應聲，阿爲怒恨之應聲；二者皆爲應聲，相差無幾，而正相反。兩次世界大戰，侵略者殘殺對方，不遺餘力；對方格殺侵略者，亦不遺餘力；雙方之殺害，情形相似，而一善一惡，截然對立。

「曲則全，枉則直。窪則盈，敝則新」（二十二章）。——事物之內情複雜者，自外表觀之，似乎由正面直接用強力便可解決，而結果失敗。反之委曲婉轉，順其性，尋其緒而治之，則能成全。諺云「事從理上讓三分」屈己以讓人，不作意氣之爭，結果，我可得理直氣壯之勝利。江海窪下，水趨之而盈；百花衆卉，秋冬凋敝，不久，春光回轉，煥然一新。事物之相對，如此顯然。

「禍兮福所倚，福兮禍所伏，正復爲奇，善復爲妖」（五十八章）。——淮南子人間訓，塞翁失馬，焉知非福之故事，可作「禍兮福所倚，福兮禍所伏」之喻。此類事例時常有之，民國三十八年春，有商船名太平輪，自青島開赴台灣，友人王某已登船，忽有人在海岸招其暫下船，謂有要事相談，不覺竟至誤時，船已啓碇，空費船資，悔不可追，次日驚聞太平輪觸礁而沉之消息，甚慶轉禍爲福。數年前，民航公司之客機自台中將飛台北，其公司有兩職員，欲隨機北上，機中人數逾額，公司主事人令其職員下機，其一應命而下，其一力言其本人至台北有要事，不肯下，既而飛機在途中失事墜落，數十人皆隕命，禍福相對，非人力所能如何也。昔時以男女分際嚴格爲正禮，「男女非有行媒，不相知名」（曲禮），而今則視爲頑固。收養他人之女，養之以爲己女，本出自慈愛之善心，而今則多有收養女如養牛馬一般，爲圖牟利者。「正復爲奇，善復爲妖」，反之，奇可變爲正，妖可變爲善。此於禮教風俗之中可見之例尤多，豈惟兩物相對？一事自變，便成爲對立之勢。

「貴以下爲本，高以下爲基」。——侯王貴矣，然無民衆擁護之，則不能成爲侯王；猶之百尺高樓，若無基礎以爲憑藉，則其樓亦不能建立。無賤卽無貴，無下卽無高，對立之事在在可見也。

「故物或損之而益，或益之而損」（四十二章）。——增高者崩，貪富致患。自損則謙，謙受益也；自益則滿，滿招損也。嚴教子弟者，約其行爲，督其學業，似乎損之，而實所以益之；溺愛子弟者，奢其生活，縱其所欲，似乎益之，而實所以損之。知事理之相對，則不敢固執一端矣。

老子全書中，所述相對之義甚多，俱涵精深之理。儒家亦知事理相對之義，爲防止流於一偏，故闡明「中庸」之道：謂帝堯所傳之心法曰「允執厥中」（論語、堯曰篇），舜之大智，在乎執其兩端，用其中於民（中庸第六章）。以「中庸」爲至公至正，最適當之道，老子非不以中庸爲善，而以世人之不良習性既積重難返，社會已成病態，在此情形之下，欲矯枉必須過正，猶之人患暑熱之症，僅服「平熱散」，不足以奏效；非投以大寒之劑不爲功。衆人被物欲所驅使，憧憧往來，如蟻之趨羶，如蠅之爭血，橫衝亂撞，此時無法立於中正岡位，只得避開現場，冷眼旁觀，人棄我取，立於人所不爭之處，「知止不殆」，「處衆人之所惡」，「衆人皆有餘，而我獨若遺，我愚人之心也哉」？「外其身而身存」，「夫唯不爭故無尤」，所謂「幽微玄通，深不可識」也。（四四、八、二十、七、十五各章）。

孔子曰「天下國家可均也，爵祿可辭也，白刃可蹈也，中庸不可能也」（中庸第九章），中庸之難能如此；而況老子之道「守柔」、「不爭」，「俗人昭昭，我獨昏昏；俗人察察，我獨悶悶；我獨異於人，而貴食母」（二十章），母者、道也；衆人背道逐物，如痴兒棄母而乞食；我雖在時世紛亂之中，亦能變通周旋，不隨俗流浮沉，而總以道爲本，故曰貴食母。

有人謂老子之言多偏激，異乎儒家之中庸；遂以爲儒、道之理，不相容，須知老子明相對之理，見人之所不見，獨到之見，自然有獨特之論，其言論精深警策，足以使人惕厲，而亂世之中，尤易發人深省；故清儒魏源謂：儒家、經世之書也；老子、救世之書也。經世、救世、功用不一，兩者不相悖也。

㈣結　論

老子之學，精深玄奧，莊子稱之爲博大眞人，老子實足以當之。歷代講老學者，著述之多，不可勝數。茲簡分本體、無爲、相對三論，略作說明，豈足以道其萬一哉！然「道不遠人」，管見所及，縱爲一斑，亦或可略得其髣髴焉。

孔子自云「述而不作，竊比於我老彭」，老子云「執古之道，以御今之有」，儒道兩家皆上承古聖之學，而經老孔加以闡明發揚者也。孔子講修齊治平之道，罕論天道；老子則悟宇宙自然之妙義，加以閱世既久之人生經驗，審思明辨，而得天道人事會通之理，「行於大道」，「至於大順」，其微言奧旨，深矣遠矣；而「少私寡欲」，「知足不辱」，簡明切實，又被粗浮之輩，一笑置之；誠如老子所云「吾言甚易知，甚易行；天下莫能知，莫能行」。莊子天下篇謂老子之學「以深爲根，以約爲紀」，「滌除玄覽」，達乎天德，故深；「尊道貴德」，順乎自然，故約；此老學淺顯扼要之評語也。

五千言，言簡而義深，小而立身處世，大而治國用兵，皆有特殊之功用。白居易云「夫欲人情簡樸，時俗清和，莫先於體黃老之道也：其道在乎尙寬簡，務儉素，不炫聰察，不役智能而已，蓋善用之者，雖一邑一郡一國，至於天下，皆可致淸靜之理焉。昔宓子賤得之，故不下堂而單父之人化，汲黯得之，故不出閤而東海之政成；曹參得之，故獄市無擾，而齊國大和；漢文得之，故刑罪不用而天下大理；其故無他，清靜之所致耳」。魏源云「老氏書賅古今，通上下，上焉者，羲皇、關尹治之以明道，中焉者良、參、文、景治之以濟世，下焉者，明太祖「民不畏死」而心減，宋太祖聞「佳兵不祥」之戒而動色，是也」。此僅就治平方面之功用而言之如此。歷代名世之儒，清高之士，多有得於道家之學，蓋中國之人生思想，本爲儒道兩家之綜合，兩家相輔爲用「道並行，而不相悖」也。後學嚴分門戶，互相攻擊，豈孔老之旨哉！

餘言

一、老學之博大

司馬談論六家要旨云「道家使人精神專一。動合無形，贍足萬物。其爲術也，因陰陽之大順，采儒、墨之善，撮名、法之要，與時遷移，應物變化。立俗施事，無所不宜。指約而易操。事少而功多」。漢書藝文志云「道家蓋出於史官。歷成敗存亡禍福古今之道，然後知秉要執本。清虛自守，卑弱自持」。以上兩段評語，一則謂道家兼具陰陽、儒、墨、名、法衆家之善；一則謂明古今成敗禍福之道，而能秉要執本。蓋老子爲周之太史，博通周室所藏之典籍，加以睿智妙語，其學說廣大悉備，故莊子稱之爲博大眞人。

先秦諸子，各大學派之理論，皆與道家有關：陰陽家講法天順時，燮理陰陽；老子謂「萬物負陰而抱陽，沖氣以爲和」（四十二章），謂萬物俱不能違陰陽調和之理。孔子贊頌無爲而治，又曾從老子學禮，儒家以禮樂教世，固與道家有關。墨子天志篇謂天反對一切惡行。與老子所講「天道好還」，「天道猶張弓」之義相通（老子第三十章、七十七章）。墨家主張强本節用。與老子所謂深根固蒂，以儉爲寶相通（五十九章、六十七章）。名家長於論辨，然而往往理不勝辭，道家則義正辭嚴，特立不搖，非若「白馬論」徒執一端以逞口才。今觀道家與法家之學說，兩不相侔，而太史公以老莊與申韓同列一傳，且謂：法家之「少恩，皆原道德之意，而老子深遠矣」。是以後世有人謂：法家之嚴刑峻法，由老子「以百姓爲芻狗」之義而來（第五章）；老子云「古之善爲道者，非以明民，將以愚之」（六十五章），其言本別有主旨，並非愚民政策，而韓非謂「明主之國，無簡書之文，以法爲教」（五蠹篇），遂演出焚書坑儒之暴政，亦有人誤會其說爲出自道家；韓非子主道篇所講「人君無爲於上」，係以權術控制臣下，與道家無爲之義不同；而其揚權篇亦講聖人之道去智去巧，與老子六十五章之義同，此則與其權術主張實爲矛盾，然韓非有解老、喻老篇，其所解多有精到之處，韓非對老子之學頗有心得，將道家之學、變而運用於法家，雖背乎道家，而不得謂與道家無關。此史公所以將老莊與法家並列歟？老子第三十六章「將欲翕之，必固張之；將欲弱之，必固强之；將欲廢之，必固與之；將欲奪之，必固與之」。鬼谷子由此而明縱橫捭闔之術，以授於蘇秦張儀。老子第五十七章「以正治國，以奇用兵」，以奇用兵，即兵不厭詐之意，此又兵家之學說也。區區五千言包括之道甚多，司馬談謂道家「采儒墨之善，撮名法之要」，言其具備各家之長；然道家之學源流最古，其他諸家各有師承，但不可謂道家採取諸家也。老子之學薈萃衆理，故史遷贊曰「老子深遠矣」！古時道術未裂，道中之術不一，各適所用，因事制宜，思想純一，莊子天下篇云「天下大亂，道德不一，天下多得一察然以自好」，因此始有門戶之別，莊子嘆曰「百家往而不返，必不合矣」！不合、故各執所見，而諸子百家各是其是矣。

如上所述，老子所傳古之道術，包括諸子各大學派，然則古之道術盡在五千言中乎？若然、則五千言只可謂諸子之綜合，不能於諸子之外，獨成一家之言；今觀道家特有之精神，即知老子之哲學與諸子不同。

自古一治一亂，循環相演，就一國而言，亂世爲政之方，不同乎治世；就個人而言，亂時處世之道，不同乎平時；雖無絕大之懸殊，而總有特異之幾微，故老子之言，雖與諸子相通，而究與諸子不同。

老子富衰周之世，已見天下之亂，社會之苦，由現世之觀感而證以學術之理，知古人之學術亦由其現實之觀感體會而得，其經驗傳於後世，雖可「執古之道，以御今之有」（老子第十四章）。然而「大道氾兮，其可左右」（三十四章），世事滄桑，變幻無常，故「五帝殊時，不相沿樂；三王異世，不相襲禮」（樂記），古之學術可作今之參證，然不可執着機械膠柱鼓瑟也。故老子雖有諸家之長，而究與諸家之見解有異。老子雖謂萬物不離陰陽冲和之氣。然與陰陽家災異吉凶之說不同。老子答孔子問禮，非以禮爲不美也，亦非以仁義爲不美也，然而其言有云「失道而後德，失德而後仁，失仁而後義，失義而後禮，夫禮者忠信之薄而亂之首也」（三十八章），此非反對禮也，蓋以道德之風日降，降至禮，則爲最低限度而無可再降，再降而無禮，則亂矣。老子尊天道，墨子亦尊天道，然墨子所講之天，爲有意志之天，與鬼神並稱；老子所講之天則爲自然而有理則之天，無爲而無不爲。名家循名責實，以辨是非，道家最善說理，然以名相論不能闡萬有之理，故云「多言數窮，不如守中」（第五章）。道家處事，以智爲出發點（此非智巧之智，乃理智之智），法家引繩墨以切事情，史遷以爲其「慘礉少恩，原於道家」（老莊申韓列傳）。然而老子云「民不畏死，奈何以死懼之」？（七十四章）。可見老子反對法家之殘酷。兵家攻城爭地，功利相競，老子雖講用兵善戰之道（六十八章、六十九章），然謂「以道佐人主者，不以兵强天下」（三十章）。—如此可見道家備諸子之美而不雷同。蓋老子之學，「知常」明理（十六章），而能通權達變，與囿於所知，固執所見者不同，此孔子所以贊其猶龍也。

老子之學富具衆理。不惟統攝先秦諸子之學說，後之學者亦見仁見智，各取其一端，而演爲理論，引爲後起學說之先導：西漢黄老之學，文景恭儉慈惠之治，其思想固本乎老學；而方士則謂神仙源於老學；釋家則謂老學同乎佛教（晉沙門鳩摩羅什等多好講老子。宋僧道全謂蘇轍所注老子合乎佛說）；或謂老學爲無政府主義（抱朴子詰鮑篇）；或謂老學爲民主政治（老子第四十六章嚴復評語）；或謂老學影響「耶穌教」（老子第十四章嚴復評語「前有德國哲學家謂：耶和華之號，卽起於老子之夷、希、微」，謂此說見於黑爾哲學史云）。種種說法各取一端，雖難免有附會之處，然亦足徵老子學說之博大矣。

二、對老學之誤會

五千言建立道家之學說，班固漢書藝文志、評道家之學爲「君人南面術」，此對老子哲學所看已狹。至於謂申韓出自道家者，則謂老子爲嚴酷政治家；謂縱横及兵家出自道家者，則謂老子爲陰謀家；此其對道家之評，意義尤狹，然皆不足爲病，何也？法家、縱横家、兵家，其學問皆有所用，而且有人崇尚，此種評語，不足使人反對老子。惟謂老子爲消極思想家，又謂老子之自然主義，爲阻止進化，則顯然足以使人反對。世人大都憑直覺用，對事理只作片面之認識，而忽略相對之觀察，故只見現實（有），而不明空相（無）；只知有爲，而不明無爲；只知有之爲用，不知無之爲用；老子乃將一般人所未見所未知之一面，特加闡明，使人警覺。

宇宙有相對之事，而無絕對之理，如必謂有絕對者，則惟相對論爲絕對之理。且何謂積極？何謂消極？物極必反，有積極必有消極，盈虧消長乃自然之事，積極未必是，消極未必非，消極於此，而積極於彼，積極於名利，而喪失道德；積極於競進，而其退也速。積極未必成功，消極未必失敗，「飄風不終朝，驟雨不終日」（老子第二十二章），項羽積極攻漢，漢王消極應戰，而項羽敗；「爲者敗之，執者失之」（二十九章），劉玄積極鞏固帝位，光武則無意爲君，而光武成功。屈原伍員能積極不能消極，走自殺之路，而公私無補；范蠡張良能積極亦能消極，功成身退，而兩全其美；積極消極，各有所宜，相反相成，不能執一偏以作理論。

至於謂老子阻止進化者，大抵以第十九章「絕聖棄智，民利百倍」之說爲口實，須知此聖非聖賢之聖，乃善施機變，權術之聖；此智非明智之智，乃好行小慧，譎謀之智；聖指其人而言，智指其作用而言，合而言之，卽「智巧」也。老子主張以正治國，以誠（樸）化民，彼智巧之政治家，自以爲聖，自以爲智，巧設種種法令，施行種種機謀，以壟斷政權，使人民感到處處有政令之威脅，處處感到不利，結果正所以啓導奸詐，製造紛亂；老子此言，豈得謂阻止進化？謂老子阻止進化者，蓋引申「絕聖棄智」之義，謂聖智指知識而言，甚至謂指科學而言，其實老子當時尚未論及此。如必謂指科學而言，則分析眞理，亦不得謂阻止進化。天下事相對而生，有利必有弊，例如往古之人不能在天空飛行，自發明飛機，爲人類在天空開闢一條方便之路，然而此一條方便之路，直等於許多條死路，何也？無飛機，天空不能落炸彈毀滅人；無飛機，天空不能降毒氣殺人；無飛機，人不能自天空墜落而死；無飛機，天空不能放火燒燬城市；無飛機，奸類不能在天空行刼持作强盜；航空方便爲小事，致人於死爲大事，大家皆不能在天空飛行，則美國不至遭日本襲擊珍珠港之災難；日本亦不至遭美國轟炸廣島之慘痛。總括言之，飛機之作用害多而利少。但人類好發掘宇宙事物之理，此乃自然之事，老子豈能反對？任何人不能阻止科學發明，但任何人亦不能阻止科學爲害。「絕聖棄智，民利百倍」，猶之第十八章所謂「智慧出，有大僞」，誰能阻止人之智慧啓發？老子並非反對智慧，乃事實如此，老子加以說明而已。老子深明宇宙自然之理、豈能阻止進化？事理相對，一般人對於世事，往往只見其利，而不見其弊，老子獨揭發其弊，使人儆惕，此亦人類思想進化之一端，此老子對事理別有會心，而其哲學別有勝義也。

後編

道德經釋義序

史記老子傳『關令尹喜曰「子將隱矣，強為我著書」！於是老子乃著書上下篇、言道德之意五千餘言而去』。最早注老子者、戰國時有韓非解老、喻老，漢時有河上公老子注、有劉向說老子四篇、有老子想爾注（作者佚名、或云為張道陵所撰）。至王弼注老子始題名曰道德經，至唐時稱曰道德真經，唐玄宗改定章句、以上篇首句言道、謂之道經、下篇首句言德、謂之德經，前人多云於義未安。今仍援史記「言道德之意」，及王弼而後之通稱，名曰道德經。

茲於每章之首、先述本章之大意，雖或一章之中上下之意有不一致者，亦只得勉強述說，使之語意順通。次錄經文；各家之本、文句有不同者，則採取其中之最順妥者，不拘於河上本或王弼本。經文之後，先解字義，再將全章前後聯貫會通講說，求其義理明徹，語意顯朗。作者用意如此，惜文筆鈍拙，未能達乎理想耳。書成，名之曰道德經釋義。六十六年四月十日周紹賢誌。

道德經釋義

上篇

一章

本章為道體論，即第六章所謂「天地根」、（本書所引之語、凡未標書名，而只言章數者，皆為本經之章）。申鑒、政體篇所謂「道根、萬化存焉」。萬化總括宇宙萬物之原理，有其原理，方有其事物。「道」為萬有之本，「道體」即今所謂「本體」。

老子見學術日益紛歧，一般人滯於形迹，各拘一隅，乃欲以真常不弊之道救之，教人不要執着語言名相各是其所是，以免入於妄知妄見之邪路。謂宇宙之本體為「道」，含無限之妙用，天地萬物由之而生；故吾人觀察事理，雖憑有形之迹象，然而不可泥拘，當由虛心觀物，審思冥慮，深入幾微，方能通其奧妙，悟其真理。

道可道，非常道；名可名，非常名。

道：易繫辭云「形而上者、謂之道」，形，指天地間一切有形之物而言。詩大雅蒸民云「有物有則」，則，即理，天地間所有之物，皆有其所以存在之理，理即道，故莊子云「道無所不在」（知北遊）。道在無形中，其體不可見，只可以思繹及之；第四、六、十四、廿一、廿五各章皆形容道之體，五千言所講總不外乎道之用。茲畧舉前人依老子之意、言「道」之文三則如下：

「夫道有情有信，無為無形。可傳而不可受，可得而不可見，自本自根，未有天地，自古以固存。神鬼神帝，生天生地，在太極之先而不為高，在六極之下而不為深；先天地生而不為久，長於上古而不為老。維斗得之終古不忒，日月得之終古不息。黃帝得之以登雲天，傅說得之以相武丁，奄有天下」（莊子大宗師）。

「道者、萬物之所然也，萬理之所稽也。理者、成物之文也，道者、萬物之所以成也。……以為近乎？遊於四極；以為遠乎？常在吾側；以為暗乎？其光昭昭；以為明乎？其物冥冥；而功成天地，和化雷霆，宇內之物，待之以成。凡道之情，不制不形，柔弱隨時，與理相應；萬物得之以死，得之以生；萬物得之以敗，得之以成」（韓非子解老）。「夫道者，覆天載地，廓四方，柝八極，高不可際，深不可測，包裹天地，稟授無形，……約而能張，幽而能明，弱而能強，柔而能剛，橫四維而含陰陽，紘宇宙而章三光。山以之高，淵以之深，獸以之走，鳥以之飛，日月以之明，星曆以之行，麟以之游，鳳以之翔」（淮南子原道訓）。

名：名包括語言文字，（左傳桓公二年「名以制義」，疏云「出口為名」，出口即言語。儀禮聘禮云「百名以上書於策」，注「名、書文也，今謂之字」）。語言文字為述事論理之工具，但天下事理有非語言文字所可形容者，故孔子曰「書不盡言，言不盡意」（繫辭）。文子精誠篇云「名可名非常名，著於竹帛，鏤於金石，皆其麤也」，故輪扁謂桓公讀書「所讀者古人之糟粕已夫」（莊子天道篇）。文子上義篇云「誦先王之書，不若聞其言；聞其言，不若得其所以言；故名可名、非常名也」。 且「禮義法度應時而變」，「六經 先王之陳迹也」（莊子天運篇）。神而明之，存乎其人，文字與言說，豈足以盡大道之旨哉？

「道」為萬有之根源，為宇宙之本體，未有天地，自古以長存，故曰「常道」。常道即真理，猶如佛家所謂「真常」。真理非當前一時之宜，一物之善，所可比喻，真理隨時應物，變化無窮，而「不主故常」（莊子天運）。其體虛無，不受變滅，不可以言語形容；猶如離朱不能說其目之明，魯班不能說其手之巧；輪扁斲輪，得心應手之技，口不能言，不能傳於其子（莊子天道），一技之長，其理如此；萬事之理，莫不如此；是以老子曰「使道而可以告人，則人莫不告其兄弟；使道而可以與人，則人莫不與其子孫」（莊子天運）。不可傳，不可告，即不可言，故曰「道可道，非常道」。

夫大道無涯，無象無狀，不可以名相比擬，一落名言，便屬形迹，既為形迹，終歸變滅。「道」以變為常，變化不息，故曰非常。「窈兮冥兮，其中有精，其精甚真」（廿一章），然而不可以言詮，故曰「道不可言，言而非也」，故「道不當名」（莊子知北遊），如勉強言說，雖然「可言可意」，然「言而愈疏」（莊子則陽），故孔子曰「予欲無言」（論語陽貨），釋迦云「不可說」（涅槃經廿二），老子云：不可道，不可名；皆言道在妙悟，不可言傳也。

無名天地之始，有名萬物之母。或以「無名」「有名」斷句，或以「無」、「有」斷句，皆可。

道為萬有之原理，無象無狀，不可說，不可名，故卅二章云「道常無名」

，道雖無形，而「其中有精」。此精即天地萬物生命之源，亦即天地之始，故曰「無名天地之始」。天地為萬物之總體，萬物為天地之分子，四十章云「天下萬物生於有，有生於無」，無即道體，天地萬物同一根源，故謂之曰「一」，四十二章云「道生一，一生二，二生三，三生萬物」。萬物由一而生，「既已謂之一矣，且得無言乎」？（齊物論），有言即有名，故曰「有名萬物之母」。

故常無，欲以觀其妙；常有，欲以觀其徼。

妙：精微神妙之意。　徼：邊界也，物之盡處也。列子天瑞篇云「死也者，德之徼也」，注「徼者，歸也」，猶究竟也。或謂：徼，竅也，或謂：皦（明）也，皆可通。

明道之人，常處心於無，窮本溯源，欲以察形而上微妙之原理。常處心於有，據實求真，欲以察悉人間萬事之結果。——或以「無欲」、「有欲」斷句，欲，意也，無欲者，虛心觀物也；有欲者，以主觀應物也。

此兩者，同出而異名，同謂之玄。玄之又玄，眾妙之門。

兩者：指「無」與「有」而言。有、無雖然異名，然而有生於無，第二章云「有無相生」，「無」為道之體，「有」為道之用，體用不離，相通為一，故曰「此兩者同出而異名」。　玄：廣大深遠，變化莫測之意。王弼老子微旨例略云「渺之乎無物而不由，則稱之曰道；求之乎無妙而不出，則謂之曰玄」。玄者，道之別名也。

無形之原理，愈追尋愈玄奧；有形之迹象，愈探究愈玄妙；故曰「玄之又玄」。明道之人，體用兼顧，有無對觀，審思明辨，深入玄關，豁然悟得萬物一體之義，眾理無窮之妙，達乎此境，可謂「與造物者為人，而遊乎天地之一氣」（莊子大宗師），所謂眾妙之門也。

二章

本章為相對論。世事變幻無常，盈虛消長，皆為相對、有待而顯，與時推移，無有定相。惟道體「獨立而不改，周行而不殆」（廿五章），真常不渝，為絕對而無待者。故聖人摒除偏見，超越一切相對之迹象，凡事作平等觀，識其大體，明其真義，遵道而行，從容自在。其御世也，法天道無為而治，故其道可常，其功不泯，其名不朽，真可謂「與天地參矣」！

天下皆知美之為美，斯惡已；皆知善之為善，斯不善已。

道為真理，惟真理為絕對，為至美至善。人為萬物之靈，當然能明真理；惟世人往往因私心而生偏見，遂妄加區別，各執一端，分裂真理，而成為相對之爭。例如以美惡而言：此以為美，而彼以為不美；彼以為美，而此以為不美；「蘭茝蕙蓀之芳，眾人所同好，而海畔有逐臭之夫；咸池六莖之發，眾人所共樂，而墨子有非之之論」（曹植與楊德祖書）。東施效顰之態，自以為美，而觀者以為醜；雕題涅齒之飾，自以為美，而外族以為怪。又且事物之興，若眾人皆以為美，競而效之，及普遍實行，習常見慣，則不感其美，「城中好高髻，四方高一尺；城中好廣眉，四方且半額」（後漢書馬廖傳），於是有人睹之生厭，故曰「天下皆知美之為美，斯惡矣」！

人之行事亦然，堯讓天下於許由，許由逃之；湯讓帝位於務光，務光怒之；其清高之風，為世稱頌。紀他聞湯讓務光，務光不受，恐其讓己，率弟子適於窾水之涯，諸侯聞之，重其廉素，恐其厭世沉水，時往慰之，三年之後，申屠狄慕其高名，遂投長河而死。乃至比干忠諫，為暴君所殺，後世遂有愚忠尸諫之悲劇；霍光執行廢君立君之大權，以安漢室，後世遂有仿之以欺君篡位者，故曰「天下皆知善之為善，斯不善矣」！

紀他見莊子外物篇。

故有無相生，難易相成，長短相形，高下相傾，音聲相和，前後相隨。

前段所云：天下事，有美即有醜，有善即有惡，亦即等於：有無相生，難易相成，長短相形（較也），高下相傾（向也），音聲相和，前後相隨；有此則有彼，有是則有非，此皆為相對，而無絕對。惟真理乃為絕對，但相對顯於事實，了解真理，不落偏見，始能化除相對之矛盾，以真理統一之。

是以聖人處無為之事，行不言之教。

聖人：達乎天德，居臨天下，替天行道者也。

無為：無為有三義：一、恭己率正，以化萬民，此指君臨天下之態度而言。二、屏除私心，遵道而行，不故意有所作為，此指為政之動機而言。三、秉要執本，以簡御繁，不多事紛擾，此指為政之方法而言。

不言：聖人御世，以身示教，潛移默化，「不言而信」（中庸），孔子云「其身正，不令而行，其身不正，雖令不從」（論語子路），政教實施，澤加於民，人心自然向化，故「為治者不在多言」也（申公語，見漢書申公傳）。

前段所言，天下之事物，處處有對立之現象，然而各由其道，互不相礙，則各得其宜。世事之紛亂，由於人之私心偏見所造成，故聖人效法天道，擯棄私智，玄通物我，化除矛盾，處事崇尚無為，不以己意強有所為，不以空談助宣聲勢，以身作則，率天下以正；以德化民，行不言之教。「天地有大美而不言，四時有明法而不議，萬物有成理而不說；聖人者，原天地之美，而達萬物之理，是故至人無為」（莊子知北遊）；「我無為而民自化」矣（五十七章）。

萬物作焉而不辭，生而不有，為而不恃，功成而弗居。夫唯弗居，是以不去。

不辭：河上公注「不辭謝而逆止」。憨山謂「不以物多而故辭」，皆為不拒絕，或不辭其勞之意。王道云「辭，言辭也，萬物賴我以作，而不言其事，所謂天地有大美而不言」也。此解與上文之「不言」相應，猶之論語「天何言哉？四時行焉，百物生焉」之意（陽貨篇）。

聖人福惠萬民，猶如天地之生養萬物，天無私覆，地無私載，任萬物之滋生，而無所拒絕；萬物依之而生，而不據為己有；造化所為，各盡其美，而不恃其能；四時運行，品物咸豐，而不居其功。聖人效法天道，「善世而不伐，德博而化」（易乾卦），唯其不自居功，故流芳千古，功垂不朽。

三章

本章為政治論。老子見一般國君，自以為聖，自以為智，自以為大有為，故好高務奇，不着實際，既誘惑人民之知欲，又干涉人民之一切，引起名利競爭，人欲橫流之風，於是而盜賊起矣，社會亂矣！故老子提出虛心實腹、無知無欲之治道以矯正之。無知並非錮閉人民之知識，蓋治國之道乃專門學問，非眾人所能知，眾人信仰政府，亦不須知之。執政者有此專門知識，專於其事，不必如許行之主張「與民並耕而食」（孟子滕文公），人民亦不必於本身正業而外兼習政治、干預治權。治國施政乃大事，其中奧理，知之非易，各部事務，政府有專門人才掌理之，賢者在位，能者在職，人民只安心受政府之領導即可矣，故孔子曰「民可使由之，不可使知之」（論語泰伯），非不欲使之知，乃不可能使人民皆與知政治也。至於奢侈之風，尤不可倡，在上者當以身作則，「我無欲而民自樸」（五十七章），「不見可欲使民心不亂」。「其政悶悶，其民淳淳」（五十八章）。「王者之民皞皞如也」（孟子盡心），此乃無為而治之現象。無知無欲之旨，不可誤解也。

不尚賢，使民不爭；

尚賢，是啟民爭名之心也。莊子云「至德之世，不尚賢」（天地篇）。賢者本身我行我素，並非為受崇尚始立志為賢。政府之尚賢，乃以社會多莠民，故「彰善癉惡」，使眾人知榮辱，而勉於為善。至德之世，政治清明，民風淳樸，桀驁之徒，無由出頭，各安其分，故「堯舜之民，可比屋而封」（論衡率性篇），賢人亦無與眾人不同之顯示。若夫堯舜之徵賢，三王之求士，使賢者在位，能者在職，賢者既不相爭，而普通之人，以登庸者責任重大，量己之才不能勝任，故對此問題，亦不涉想。賢者與常人各當其分，無所謂崇尚，故無所爭。至若世衰道微，紀綱敗壞，風氣惡濁，賢者不肯隨波逐流，松柏傲霜，獨其勁節，政府欲其為眾人之師法，故崇尚之，嘉獎之；上有好者，下必從之，於是乃引起一般人之虛榮心，沽名釣譽以自衒，嫉賢害能以相爭。故曰「不尚賢，使民不爭」；莊子云「舉賢則民相詐也」（庚桑楚篇）。

不貴難得之貨，使民不為盜；

貴難得之貨，是啟民爭利之心也。難得之貨，謂珠玉寶器、珍禽奇獸之類，此皆非必需之奢侈品，布帛米粟，日常必需品，每人所用之數量有限；而侈奢品則多多益善，積天下之寶物，供一人之玩好，亦嫌未足。孔子云「苟子之不欲，雖賞之不竊」（論語顏淵篇），上所好者，下必更甚，在上者貪愛貨寶，不惜重資以求之，可以聚斂民財，以遂所欲；在下者，以奇貨可居，亦不擇手段以取之，以圖厚利；如此爭奪盜竊之風興矣，十二章云「難得之貨，令人行妨」，妨，傷也、害也。為爭利而互相殘害，社會紊亂，在上者之地位亦難保，是以桀為玉牀，紂為象箸，卒致滅亡。晉武帝焚雉頭裘，宋武帝碎琥珀枕，此二帝雖為中等之君，然而能不貴難得之貨，減少亂端，是以能定天下於一時也。

不見可欲，使民心不亂。

人情相同，人之所欲亦相同，在上者不可縱欲以誘人民，使民見可欲，競起追求，以亂心性。故不尚賢，不啟民爭名之心；不貴難得之貨，不啟民奪利之心；不特此也，「吳王好劍客，百姓多創瘢；楚王好細腰，宮中多餓死」（韓非子二柄篇、後漢書馬廖傳，皆有此語），凡聲色玩好、一切淫樂可欲之事，在上者皆當自戒，以免上行下效，迷惑人心。人心迷惑，縱欲無度則盜竊亂賊乃作矣！

是以聖人之治，虛其心，實其腹，弱其志，強其骨。

少私寡欲，不作奢想，斷除妄念，無憂無慮，故曰「虛其心」；衣食無虞，不慕浮華，溫飽自足，故曰「實其腹」；無所企求，不懷機詐，不好鬥爭，故曰「弱其志」；不妄為以耗神，不行險以傷身，勞力以營生，身體健強，故曰強其骨。

常使民無知無欲，使夫智者不敢為也。為無為，則無不治。

諺云「一分知識，一分欲念」，又云「難得糊塗」，皆為摒棄知識，與此處所講「無知」之意相似。但此處所謂知識，並非指崇德廣業之知識而言。人人在淳樸風尚之中各安其業，各樂其生，不作分外之想，對於「奇技淫巧」之術，不勞而獲之利，皆鄙視之，謂為不務正業，是以雖有智巧之人，亦只得順風駛船，不敢違反大眾之心理，不敢脫離社會之正路，不敢逞其慧黠為所欲為，而淪為被歧視之特殊人物。在此社會狀態中之人民，天真爛漫，彷彿無知無欲一般；其實並非無知；而是不習譎詐之知；亦非無欲，而是不懷非分之欲；莊子謂「同乎無知，其德不離；同乎無欲，是謂素樸；素樸而民性得矣」（馬蹄篇）。民性得、即不為物役，不生煩惱，各適其性，怡然自得，此即卅七章所云「無欲以靜，天下將自定」，此即「無為而無不為」之政治實現；故曰「為無為、則無不治」。

四章

本章講道之體用。道之體雖沖虛無形，而其用則廣大悉備，如下章所云「虛而不屈，動而愈出」，其妙用無窮，而不顯聲色，宇宙萬物由之而生。聖人法道，挫銳解紛，本乎自然；和光同塵，「返於大道」（莊子秋水）。道不可名，至大無外，「莫知其始，莫知其終」，「未有天地，自古以固存」（莊子大宗師），誠非言語所能形容也。

道沖、而用之或不盈。淵兮似萬物之宗。

沖：虛也。或：通又、假如詩、賓之初筵「既立之監，或佐之史」。淮南子道應訓引老子此語為「道沖而用之，又弗盈也」，王弼注「沖而用之，又復不盈」。或、亦可謂助詞，例如詩天保「如松柏之茂，無不爾或承」。盈、滿也、盡也，比如一器之用，滿則量盡；道乃無形，無限量；故其用無窮。淵、深也，宗、主也；道、淵源有本，「深不可識」，能化育萬物，為萬物所依歸，故曰「淵兮似萬物之宗」。

挫其銳、解其紛、和其光、同其塵。

挫銳解紛：以柔克剛，為挫外物之銳；不露鋒鋩，為挫自身之銳。對人處事，不多事紛擾，以簡御繁，為解外在之紛；少私寡欲，釋然無慮，為解內在之紛。

道有無限之妙用，用之不盡，萬事皆不能離道。故人當遵道而行。亂世失卻正軌，人情險惡，有道者不參與利名之爭，不作利害之對象；強梁者氣雖剛銳，而與我無干，故曰「挫其銳」。世事紛亂，大抵不外權利鬥爭，恩怨相結，有道者恬淡為懷，不與其事，不在其糾紛之中，故曰「解其紛」。世道隆汙，一治一亂，有道者在光明之世，能「和其光」，而不流於俗，在黑暗之時，亦能「同其塵」，而不渝其真；既能「澹然獨與神明居」，亦能「不譴是非，以與世俗處」（莊子天下篇）；此玄同物我，妙道之用也。

湛兮似或存。吾不知誰之子？象帝之先。

湛為深沉而不可揣測之貌，與廿一章「窈兮冥兮」之意相同。道體雖然「惟恍惟忽」、「深不可識」，視之不見，聽之不聞，搏之不得，似乎空無所有，然而大化流行，萬物從命，不言而信，無為而成，其功用顯乎可覩，儼然有其實體存在，故曰「湛兮似或存」。

象，為象徵相似之意。道雖無形而有其實在，其要妙如此，從何處而來哉？此非吾人所能知。若將天地萬有之主宰擬人化，則稱之為上帝。上帝賞善罰惡，既可以人作比，則上帝乃由人道想象而來，是上帝亦由「道」而生，亦不能離乎道，道本無名，無名天地之始，未有上帝，道已先在，故曰「象帝之先」。——道不可名，本章所謂或、似、象、等詞，皆為表示不確定，不可形容之詞。

五章

本章言：天地無私，化生萬物，各遂其性，純任自然。為政者若能法天道之大公，無偏無頗，自然可達盛治。或有誤會芻狗百姓之言，疑有草菅人命之意，故史遷謂：申韓之「慘礉少恩，皆原於道德之意」（老莊申韓列傳），謬矣！

天地不仁，以萬物為芻狗；聖人不仁，以百姓為芻狗。

不仁：無私愛也。即齊物論所謂「大仁不仁」。　芻狗：古人用草製成狗馬，以為祭祀之用，製造之時，求其惟妙惟肖，並非為仁；祭畢之後，便棄之若遺，任其自壞自滅，毫不憐惜，並非不仁。莊子天運篇，以芻狗比先王之法，已為過時被棄之物，不宜再用。淮南齊俗訓，以芻狗比聖人立法，隨時舉事，世易則法變。——父母對子女，亦慈亦嚴，嚴並非不慈；政府對人民有德有威，威並非不德，有時必須「董之用威」（大禹謨），用威正所以輔助德政之實施；此即聖人不仁，芻狗百姓之意也。

天地化生萬物，各順其自然之性，不故意有所作為，亦無愛憎之意，其對萬物，猶如人之結草為狗，使之成物，並有私愛之心，用畢則棄之，非有惡之之心。故萬物之生，非天地有意施恩；萬物之死，亦非天地故意為虐。大椿八千歲為春，非天地使之長生；芝菌朝生而暮死，非天地使之短命。莊子云「長者不為有餘，短者不為不足；是故鳧脛雖短，續之則憂；鶴脛雖長，斷之則悲」（駢拇篇）。各順其性命之情，則皆自得矣，不加干涉，此天地之大德也。

聖人與天地合德，其治天下，一本大公，「不蹩躠為仁，踶跂為義」（莊子馬蹄篇），無所愛憎，不憑私意作威福，故四十九章云「聖人無常心，以百姓心為心」。順民之性，引其自治，即莊子所云「順物自然，而無容私焉，而天下治矣」（應帝王）。

柳宗元之種樹郭橐駝傳謂：種此樹，若故意愛之，時而撫弄之擾動之，則適以害之，可作本章聖人不仁之喻。

程子曰「天地之常，以其心普萬物而無心；聖人之常，以其情順萬物而無情，故君子之學，莫若廓然而大公，物來而順應」，所謂：無心、無情、廓然大公、物來順應，皆可與本章之義相引發。

王弼注謂「天地任自然，無為無造，萬物自相治理，故不仁也」：……地不為獸生芻，而獸食芻；不為人生狗，而人食狗；無為於萬物，而萬物各適其所用，則莫不贍矣」。——嚴復依據王注之義謂：

天地不仁、聖人不仁、四語，為「天演開宗語」，謂王注足以「括盡達爾文之新理」。

天地之間，其猶橐籥乎？、虛而不屈，動而愈出。多言數窮，不如守中。

橐籥：王弼謂橐籥為二物，橐為排橐，其中空虛，能排風吹火，即今所謂風箱。北方或稱風匣。籥為管籥，其中空虛，故能吹出聲響。吳澄謂：橐籥為一物，即吹風熾火之器，亦即風箱。橐指外函而言，籥指內管，鼓扇而言。

數：說文「理也」，又讀如朔，屢也，頻也，多也，三解皆可通。「多言數窮」，猶如金人銘所謂「多言多敗」（孔子家語觀周）。　中：空也，虛也，空虛無言也。又如中庸云「喜怒哀樂之未發，謂之中」，中，即不動私心之意氣，即中正之意，故中庸云「中者，天下之大本也」。莊子云「孰知不言之辯，不道之道」（齊物論）。本中正之道以行事，不逞個人之意見爭辯是非，故曰「守中」。

天地以萬物為芻狗，生時不得不生，死時不得不死，生死任其自然，新陳代謝，永遠不竭，其神妙無可比擬，不得已，比之如橐籥。橐籥中空，雖然虛靜，而其用無窮（不屈），愈鼓動之，而愈汩汩生風，源源不絕（愈出）。天地亦猶是也，大道虛無，充塞天地之間，動靜變化，妙用無窮，使萬物生生不息，萬古長新，天地之德化，博大之至。

天地不言而化，無為而成，聖人法天，「處無為之事，行不言之教」（第二章），世之為政者，每自是所見，自作主張，以誇大其說，繁而寡當，結果落為空言，申公云「為治者不在多言，顧力行何如耳」（漢書申公傳），聖人應天理，順人心以為治，不空談理論，實事求是，不顯示威權使人民畏服，亦不故意慈善使人民歌頌，一本中正公平之德，以身作則，化民成俗，使百姓「皆曰我自然」（十七章），「帝力何有於我哉」？（帝王世紀擊壤歌），郅治之盛況，不必美言宣傳，事實勝於雄辯，故曰「多言數窮，不如守中」。

六章

本章以谷神喻道，與前章以橐籥喻道之義同。因其虛無，故能包容天地，化生萬物，永無窮盡。五十三章云「大道甚夷」，人若能遵道而行，則從容自然，而無憂心勞力之苦。

谷神不死、是謂玄牝。

谷神：兩山之間曰谷，以喻空虛之境；幽奧莫測，故曰神。司馬光云「中虛故曰谷，不測故曰神，天地有窮，而道無窮，故曰不死」。嚴復云「以其虛，故曰谷；以其因應無窮，故曰神；以其不屈愈出，故曰不死；三者皆道之德也」。

玄牝：妙不可言曰玄，畜之母者曰牝，以比道之能生萬物，能生萬物而不見其所以生，故曰玄牝。

空谷雖然虛寂，然而石泉膏壤、長林豐草、鳥獸蟲魚，蕃衍其中，儼然一小天地，細心觀察，一花一草，一鱗一羽，其結構之複雜細微，其形色之精緻美妙，非人工所能為，非天工不能為。造物者在窈冥之中，化育萬物，不可見，不可聞，吾人之本身，如何由小而壯？如何由壯而老？不自知，亦不自見；而對於身外之物，草如何萌芽？花如何生色？吾人更不能見，更不能知；造

物者不露形迹，造成萬物，眞神秘也

萬物芸芸，新陳代謝，生生不息，不知始自何年？亦不知止於何代，此乃造物者在冥冥之中，施其神工，「獨立而不改，周行而不殆」（廿五章），不生不滅，永遠長存，為天地萬物之母，故稱為玄牝。

玄牝之門，是謂天地根。

橐籥、谷神、玄牝、天地之根，皆輾轉形容道體，其實一也。憨山曰『門、即出入之樞機，謂道為樞機，「萬物皆出於機，皆入於機」（列子天瑞、莊子至樂），故曰玄牝之門，是謂天地根』（道德經解）。總之，天地萬物由一元之道體而出現。

綿綿若存，用之不勤。

綿綿為細微而不絕之意；若存為似有似無，與第四章「湛兮似或存」同意。綿綿若存者，謂恍惚窈冥，無象之象，如前所謂「虛而不屈」者也；雖然恍惚，而明道之人，見之真切，故能善用之而得大自在。

「用之不勤」：之，指道而言；勤，勞也；淮南原道訓「布施而不既，用之而不勤」，高誘注「既，盡也，勤，勞也」。王弼、吳澄皆謂不勤即不勞。用之不勤者，言遵道而行，則坦然平順，無須憂勞；如違道而行，則險惡橫生，而憂煩孔多。聖人為政：「民之所好、好之，民之所惡、惡之」；「因民之所利而利之」（大學及論語堯曰篇），以全民之心為心，以全民之力為力，聖人「恭己正南面而已矣」（論語衛靈公），如此無為而治，不多事自擾，不妄費心勞，從容中道，故曰「不勤」。——近人或以三十五章謂「用之不可既」，既，盡也，並引前章「動而愈出」之義，謂本章「不勤」，即不盡之意，謂道之功用無窮也；義雖可通，然「勤」字並無「盡」字之義。

七章

本章言：天地無私，並育萬物，萬物生生不息，亦即天地之永生。聖人法天無私，故能建「成己成物」之功。

天長地久，天地所以能長且久者，以其不自生，故能長生。

就人類所能見者而言，天地最為長久，日月輪轉，山川毓秀，亙古如斯，未有知其始，亦未有知其終者。萬物各為自私而競爭，每致互相消滅，或自戕其生而中途夭折。天地所以能長久者，以其不自私其生，其騰雲致雨，燮和陰陽，皆為普利萬物，萬物依之而生，「生而不有，為而不恃」，「愛養萬物而不為主」（二章、卅四章）。天地生育萬物，與萬物合一，以萬物之生為生，萬物生續不絕，亦即天地之長生。

是以聖人後其身而身先，外其身而身存。非以其無私耶？故能成其私。

「非以其無私耶」？：河上公及嚴君平本，無「非」「耶」二字，此從王弼本。

聖人明天道，法天德，日理萬幾，以天下之公益為急務，以本身之權利不足顧；其伐暴戡亂，為全民之幸福而奮鬥，置本身之安危於度外。彼夫私心自重，野心高位者，藉權弄利，飽享富貴，擁兵自衛，期保長久，卒致誤國害民，釀成大亂，而已身為眾矢之的，一敗塗地矣！

聖人「愛民治國」（第十章），深知「苟無民，何以有君」？（戰國策齊策），群眾之利樂，即本身之利樂，國家之安全，即本身之安全；故惟日孜孜，不敢荒寧，造成盛治之世，與民同樂，與國咸庥，德昭天下而共尊，功垂後世而不朽，此非「後其身而身先，外其身而身存」乎？

夫自私則與人爭，爭則難獨全，聖人以天下為一家，懷「民胞物與之量」，「以其不爭，故天下莫能與之爭」（六十六章）；「聖人終不自為大，故能成其大」（卅四章）；其所以能如此者，豈非因其無小我之私，乃得以成其大我之功乎？

八章

本章以水喻道，令人悟道之妙用。水雖有滋養萬物之功，而甘居卑下，靈活自然，無入而不自得。人若能效法水德，與世無爭，則動靜咸宜，可達至善之境矣。

上善若水，水善利萬物而不爭，處眾人之所惡，故幾於道。

世人多自私自利，爭勝逞強，好高惡下，此三者為致亂之因。上善之人不然，其德可比如水：萬物非水不能生活，水之澤潤無微不至，善利萬物，而性質柔順，隨方就圓無所不可，猶如人之謙遜不爭，不爭、故居卑處下，「受天下之垢」（莊子天下篇），悠然自在。道不可道，若以物作喻，則水可謂近乎道矣。

居善地，心善淵，與善仁，言善信，正善治，事善能，動善時，夫唯不爭，故無尤。

上善之人，可比如水，其德如何？「居善地」動靜自然，不分險夷，隨遇而安。「心善淵」、心如止水，深而且平，永不偏傾。「與善仁」，與人相處，一視同仁，無所簡擇。「言善信」，言論真實，如水照形，毫無假偽。「正（政）善治」、洗滌汙濁，德澤普及，人羣向化。「事善能」、方圓曲直，因事制宜，攻堅通塞，順利無阻。「動善時」、動不離道，與時偕行，隨機應變，無所不當。

上善之人，具此七德，從容自然，而不矜伐；蓋人我兩忘，內無爭心，外無糾葛，人棄我取，「處眾人之所惡」，怨尤何從生哉？

黃帝云「道若川谷之水，其出無已，其行無止」。老子尤好以水喻道，卅二、卅四、六十六、七十八各章，皆藉水以明道之功用。論語子罕篇，孔子在川上嘆水之不舍晝夜，以喻人當自強不息。孟子離婁篇謂：孔子亟稱水之源泉有本，故能放乎四海。盡心篇孟子講觀水之術，以明君子修道成章之序。荀子宥坐篇，孔子對子貢講水之象徵：似德、似義、似道、似勇、似法、似正、似察、似善化、似志；「故君子見大水必觀焉」。水之惠澤萬物，變化無窮，聖人觀之，觸景生情，以作道之妙喻。

九章

本章承上章，勸人要不爭、知足，當效法天道，「功成而弗居」，如此則雖無所得，而亦無所失，方為自全之道，方可達脩然自在、人生之佳境。

持而盈之，不如其已。揣而銳之，不可長保。金玉滿堂，莫之能守。富貴而驕，自遺其咎。

不如其已：或謂乃「不知其危」之誤。

「揣而銳之」：或謂當作「銳而揣之」。古語：將一物藏在懷中，曰揣在懷中，故揣有存藏之意。茲仍依據通行之本，不加改變。揣讀為捶，比如錘鍊刀劍，使其鋒銳利。「持而盈之」與下句「金玉滿堂」相照應，指財富而言。「揣而銳之」與下句「富貴而驕」相照應，指權勢而言。

尚書云「滿招損，謙受益，是乃天道」（大禹謨），謙、為謙讓、謙虛；爭與不知足，皆為求盈求滿；銳為出鋒頭，驕為驕傲，皆為違背謙德。易云「天道虧盈而益謙，地道變盈而流謙，鬼神害盈而福謙，人道惡盈而好謙」（謙卦）。廿九章云「執者失之」，財物過多，如貯水盈杯過量，盈則必溢，若必蠅營狗苟而堅持之，為富不仁，正所以樹立爭奪之目標，一旦禍起，始悔不如早作罷休，故曰「不如其已」。

「銳則挫矣」（莊子天下篇），若暴露鋒鋩，以逞剛強，則「強梁者不得其死」（四十二章），必然遭到摧毀，故曰「不可長保」。

四十四章云「多藏必厚亡」，貪夫不擇手段，聚斂貨財，必然招寇盜之害，故「金玉滿堂，莫之能守」。富貴易遭人忌，而再加以驕傲，豈非自造咎戾，自取災禍乎？

功成、名遂、身退、天之道。

四時之運，功成者退。一般人不知天道盈虛消長之理，不尚「不爭之德」（六十八章），「知進而不知退，知得而不知喪」（易乾卦），貪求無厭，只落得，人恨鬼怨，罪孽深重，悔不可追，如李斯趙高之流，勢焰薰天，猶感不足，必至身首異處而後已。四十四章云「知足不辱，知止不殆」，如張子房、陶朱公者，功成不居，棄富貴如敝屣，可謂深明道家之旨矣！

十章

本章首言治身之道，次言治世之道。治身須順性命之理，保全天真；治世須順事物之理，為而無為，達乎玄德；玄德者、天德也。

載營魄抱一，能無離乎？

載：乘也。　營：魂也，魂屬靈，精神、神明、心靈，皆其別稱也。魄屬血，指形體而言，故有體魄之稱。靈魂與體魄相輔而行，猶如人與車船相乘相載一般，故曰載營魄。

抱一：兩手固持一物於懷中，惟恐其失，曰抱。此處為守持、保持之義。廿二章云「聖人抱一為天下式」，卅九章云「萬物得一以生」。一為道之別稱。天行有常，真理無二，故曰一；一本散為萬殊，萬殊歸於一本，能舉其本，則可統攝眾理，以簡御繁，故一為道體之稱。

人之精神與體魄合一，而成為其體之生命。精神主宰體魄，體魄負載精神，猶如船之與舵，舵指引船之行動，船順隨舵之趨向，彼此動靜一體，不相分離。體魄使精神尋求生理之需要，精神對體魄指引合理之行為；二者相依為命，不相違反，各守其道，乃構成健全之人生。若精神與體魄兩相乖戾，體魄任所欲為，血氣用事，不受精神之約束，或精神昏瞀，妄作主張，足以傷害體魄；二者皆失其道，此人自相矛盾，乃不能自立，故老子提出警告曰「載營魄抱一，能無離乎」？——養生家謂：抱一為心身合一、形神合一而不離。然其所以合一，亦即各守其道也。

專氣致柔，能嬰兒乎？

專氣：專者、專一不散，即統攝其氣，不使之耗散，即俗語所說「沉住氣」，即孟子所謂「養氣」，「持其志，勿暴其氣」。

致柔：致、使也，柔、和也，順也。寵辱不驚，喜怒不形，即能守氣養氣，不動氣，不向外用力，則能使心情柔和，不因外物之刺激而興衝突之念，免得引起憂煩。

嬰兒：心無外務，不強有所求，與有道之人、專氣致柔之態度相似，凡比喻皆取其少相似，不能恰然相同；本章以下廿章、廿八章、五十五章，皆舉嬰兒之德，以作有道之喻，孟子亦云「大人者不失其赤子之心者也」（離婁篇），耶穌亦云「爾等若不恢復嬰兒之態度，斷不能進天國」。能如嬰兒之純真無偽，即所謂不失其「本心」者也。

嬰兒無私無欲，不忮不求，心平氣和，保其天真，老子所講「衛生之經」，曾與嬰兒之淳和以為例（莊子庚桑楚）。第十九章，教人「少私寡欲」，私欲存於胸中，夢寐營求，憂煩焦心，莊子謂之「內刑」；私欲肆之於外，貪得妄為，陷於罪惡，莊子謂之「外刑」（列禦寇）。為物欲作奴隸，得之則生喜氣，失之則生怒氣，皆足以傷情失和。因喜氣而得意忘形，惹人嫉忌；因怒氣而暴戾恣睢，滋事結怨；如此，皆足以致禍。故老子提出警告曰「專氣致柔，能嬰兒乎」！

滌除玄覽，能無疵乎？

玄覽：玄為廣大深遠，覽、鑒、鑑，古通用。莊子天地篇「聖人之心，靜乎天地之鑑，萬物之鏡也」。淮南修務訓「執玄鑒於心，照物明白」。大乘起信論「眾生心者，猶如於鏡，鏡若有垢，色象不現」。玄覽即心鏡，心如明鏡，能照萬象，故曰心鏡。又，王弼解為「極覽」，包括遠見、明見等義，亦通。止觀一上「今人意鈍，玄覽則難」，「止觀輔行」以「對境內照，故云玄覽」。玄覽即深見真理也。

疵：病也，指邪惡而言。

人心燭照萬理，猶如明鏡一般。鏡被塵埃所蒙，則失光明，故須勤加洗滌；心被私欲所蔽，則失靈感，故須淨化思想。失卻靈感，則善惡不分，是非顛倒，前途黑暗。惟能洗滌雜念，保持純潔，內無纖介之疵瑕，則外無纖介之缺失，如此，則「清明在躬，志氣如神」（禮記、孔子閒居），此治身之要道也，故老子提出警告曰「滌除玄覽，能無疵乎」？

愛民治國，能無為乎？天門開闔，能為雌乎？明白四達，能無知乎？

天門：莊子天運篇云「正者正也，其心以為不然者，天門弗開矣」，疏「天機之門擁而弗開；天門，心也」。心為天然之靈機，故天門即天機。開闔，猶言出入應用之意。

四達：尚書舜典「明四目，達四聰」，謂開廣四方之視聽，不蔽於一己之見聞。

前段講治身之道，本段講治世之道，能治身始能治世。——治世者故意施愛，愛不能周，則致怨；猶如子產為相，以其乘輿濟人於溱洧，孟子謂「焉得人人而濟之」（離婁篇），既不能每人悅之，則公平為政，不必以小惠待人。為所當為，「功成、事遂」，使「百姓皆曰我自然」可矣（十七章）。若不明政治原理，而無通徹之計畫，則法令滋彰，朝令夕改，適所以多事擾民，故第三章云「為無為，則無不治」。

高居君位，秉國之鈞，所言莫敢違，所倡莫不和，發號施令，風行雷厲，天下率從，快哉！此大王之雄風也！眾人尊為神聖，本身亦以神聖自居，是以滿懷成見，獨出心裁，總攬大權，事成則以功為己，事敗則委罪於人，此即所謂英雄心理，剛愎自用者也。

元首之耳目，易被蒙蔽，縱然政治開明，四方清平，天下之事，瞭如指掌，而仍然虛懷若谷，察納眾言，集思廣益，如此、方能使輿情上達，上下一體。

生之畜之，生而不有，為而不恃，長而不宰，是謂玄德。

此段之語，重見於五十一章；「生而不有，為而不恃」，已見於第二章，此二語全書中三次述及，以之表天道自然之德，猶之稱廣大自然之德曰玄德，「是謂玄德」一語，重見於五十一章，六十五章，亦三次述及，猶之「無為」、「不爭」、等語，乃道家之要義，故老子屢言之，不避重複也。

長而不宰：王弼注「物自長足，不吾宰成，有德無主，非玄而何」？此以宰為主宰之義。河上注「長養萬物而不宰割以為器用」，謂不以之為私利也。

玄德：尚書舜典注「幽潛之德」，猶如所謂「陰德」，行德惠不為人知，亦即「無為」之德。

五千言之要義，不外修身治世之道，所講修身之道，當然指一切人而言；所講治世之道，其主要之對象則為帝王，漢志謂道家之學，為「君人南面之術」，即指治世之道而言。　本段言聖人愛民治國，生而不有，為而不恃，畜養之，成長之，而不加宰制，不多事干涉，此即「無為」之玄德。

十一章

本章講「無」之功用。普通人只見「有」之利，而忽略「無」之用，老子乃舉車、器、室等物以為喻，以作「有」「無」相輔為用之徵。蓋「有無相生」，不能偏廢也。

三十輻，共一轂，當其無，有車之用。埏埴以為器，當其無，有器之用。鑿戶牖以為室，當其無，有室之用。

輻：車輪中之直棍，今腳踏車輪中之細鐵柱，稱曰輻條，即沿襲古名而來者也。

轂：輪中心之圓環曰轂，轂中心之空處，軸貫其中。轂外緣之周圍接插三十輻，輻之外端接插於輪框，此為整個之車輪。轂之中心有空虛處始能貫軸旋轉，輻與輻之間有空虛處，方利於轉動埏埴：埏亦作挻，用水調和土也。埴，造陶器之黏土也。

世人只視有形之物為有用，而不知無形之「道」功用之大；茲舉顯然之例以為喻：例如車之行動，人只見為輪之作用，然而車無空處，則不能載物，轂與輻若無空虛之處，則軸不能轉而輪不能行。又如調和埴土以造甕甖，其用處乃在中空之處，若只是一具實體土塊，不能容物，則無用矣。又如鑿門開窗，以便出入、以通光明，其用處亦在空虛之處，若四面牆壁而無戶牖，則失其用矣。——或謂：原始無車之時，而人亦能運物行走，可謂仍然有車之用；下六句器與室之喻，亦同此意，謂一切功用皆由無形之「道」而出。此另一解也。

故有之以為利，無之以為用。

以上所舉三喻，轂之轉輪，器之容物，戶牖之通人透光，其用處皆在乎無。自「無」以觀「有」，則「有」正所以助成「無」之用；自「有」以觀「無」，則「無」正所以顯示「有」之利；有無相輔為用，不能分離也。大道無形，萬物由之而生，其功用大矣！以其生出萬有，方能現其功用，第二章云「有無相生」，體用一本也。故莊子云「知無用，而始可與言用矣」！（外物篇）。

十二章

本章言聲色貨利，皆足以斲喪天性，引人為惡，雖不能禁絕，然不可貪迷。能學聖人寡欲養心，虛靜恬淡，此中乃有真樂。

五色，令人目盲；五音，令人耳聾；五味，令人口爽。

五色：青黃赤白黑，此處汎指一切悅目之色而言。 五音：宮商角徵羽，此處汎指一切悅耳之聲而言。

爽：差也，傷也，口爽者，言每日飽饜食玉饌珍膳，已不覺其美，而對於疏食菜羹，則更覺淡而無味，不能下嚥；因厚味美食，刺激太甚，有傷生理，故口之「味覺」錯誤，不辨美惡。

黃帝云「聲禁重，色禁重，衣禁重，香禁重，味禁重」（呂氏春秋去私）。重者，厚也、多也、過甚也。聲色美味，享受過奢，既暴殄天物，且足傷生亂性，唐玄宗「後宮佳麗三千人」、而「顧左右前後粉色如土」（長恨歌傳），豈非其目已盲乎？商紂「使師涓作新淫聲、靡靡之樂」，仍不足以快心（史記、殷本紀），豈非其耳已聾耳乎？何曾「廚膳滋味，過於王者，日食萬錢，猶曰：無下箸處」，豈非其口已失却味覺乎？（晉書何曾傳）。凡此，皆享受過度，而成為病態者也。

馳騁田獵，令人心發狂，難得之貨，令人行妨。

馳騁：乘馬奔走也。　田：亦作畋，逐取禽獸曰畋獵，俗稱打獵。

妨：害也。

古人藉田獵以習軍旅（禮記，郊牲），「春蒐、夏苗、秋獮、冬狩」，皆有定時，皆於農暇，以講武事（左傳隱公五年）。若不專心於正式之職務，而每日以馳馬打獵，追逐禽獸以為樂，必致心神浮躁，荒廢正事。夏王太康，盤遊無度，畋于有洛之表，十旬弗返」（尚書五子之歌），竟以覆亡，豈非田獵發狂乎？

珠玉珍寶，稀有之物，眾人皆欲得之，互相爭奪，互相侵害，故「多藏必厚」（四十四章），「匹夫無罪，懷璧其罪」（左傳桓公十年），是以聖人「不貴難得之貨」（第三章）。

是以聖人為腹不為目，故去彼取此。

腹：指內在之主宰而言，即心。目：指外物之嗜好而言，即欲。王弼注「為腹者，以物養己；為目者，以物役己；故聖人不為目也」。此解與第二章「實其腹」之意同；「實其腹」，溫飽自足，而上句為「虛其心」，有少私寡欲，心曠神怡之樂。故「為腹不為目」、亦含「少私寡欲」之意在內；聖人務內不務外，務內、以養心為本，不務外、不縱耳目之欲也。「彼」指外而言，「此」指內而言，猶之卅八章「大丈夫處其實，不居其華，故去彼取此」。

莊子在宥篇：黃帝見廣成子，問養民之道，廣成子未作答。黃帝歸而自省，三月之後，復往見廣成子，問治身之道，廣成子曰「善哉問乎」！乃告以「慎汝內」、「閉汝外」，修養之術；慎內者、養心體道也；閉外者、不被物誘也；此與「為腹不為目」同義。

反對道家者謂：養民為濟世，治身為自私，如何問公事則不答，問私事則答？執此而非薄道家，謬矣！蓋欲治世必先治身，自身不治，安能治人？自身愈健全，治世之功愈大。治身必須保性全真，能自治自主，方不被物欲所惑而失本性。

莊子天地篇謂「失性有五：一曰五色亂目，使目不明。二曰五聲亂耳，使耳不聰。三曰五臭薰鼻，困惾中顙（困塞呼吸器官）。四曰五味濁口，使口厲（病）爽。五曰趣舍滑心，使性飛揚。此五者、皆生之害也」。所謂生之害、謂於身性皆有害也。莊子云「其嗜欲深者、其天機淺」（大宗師），天機者、性靈也，嗜欲深者沉溺於欲壑之中，性靈乃隨之汩沒，失卻主宰，而不能自振矣！是以聖人屏棄聲色浮華之場，而取養生全性之真樂。

孟子謂「養其大體、為大人；養其小體，為小人」、大體指「心之官」而言，小體指「耳目之官」而言。養大體、注重盡心明理；養小體、只知貪求利欲，孟子名之曰「飲食之人」（告子篇），大人即聖人。

十三章

本章言：人能注重心性之修養，方能恬淡自然，不受世俗榮辱憂患之牽累；而且義之所在，「臨大難而不懼」（莊子秋水），置生死於度外，坦然無私，與天地合德；若此人者、方能負治天下之重任，猶孟子所謂「惟仁者宜在高位」也（離婁篇）。

寵辱若驚，貴大患若身。

此二句有脫誤，故解說者不一。——寵：榮也，貴：重也。王弼注「寵必有辱，榮必有患，驚辱等，榮患同也」，意謂：有榮必有辱，榮者易遭嫉忌，易招憂患，故求榮者、當重視大患及身。王道謂「貴大患若身，當云貴身若大患，倒而言之，文之奇也；古語多類此者」。或謂：本章若字、皆當作者字解。

世之無內心修養者，最易受外物之牽動，一遇到刺激，便心不自主，而忐忑不寧，所以得到榮、或遇到辱、皆振驚而失常態，不能平心靜氣泰然處之。既重視自身，而又重視榮利，其實榮利正是致禍之因。一般人爭名奪利，甘冒危險，而卻怕大患臨身，將大患與身同樣重視，故曰「貴大患若身」，實乃既自愛自身，而又自危自身，豈非自相矛盾？

何謂寵辱若驚？寵為上，辱為下，得之若驚，失之若驚，是謂寵辱若驚。

王弼本作「何謂寵辱若驚？寵為下」。河上及景龍本作「何謂寵辱？辱為下」。景福本作「何謂寵辱？寵為上，辱為下」。疑各本皆有脫誤。兪樾云『陳景元李道純本、均作「何謂寵辱若驚？寵為上，辱為下」，可據以訂諸本之誤』。茲從之。

世人何以寵辱若驚？以富貴為榮，以貧賤為辱，以榮為上，辱為下，既有上下之分，便有欣戚之累，故得寵則驚喜，遇辱則驚慄，得意則忘形，失意則痛心，故曰「寵辱若驚」。——聖人養其天和，不被俗累，不同俗見，故「敬之而不喜，侮之而不怒」（莊子庚桑楚），而況亂世之中，榮辱顛倒乎？

何謂貴大患若身？吾所以有大患者，為吾有身，及吾無身，吾有何患？

世人何以貴大患若身？例如高居尊榮之位者，重視大患，恐其傷身，是以怕死偷生，苦營護身之法，巧設防患之謀，厲萬民以自奉，養爪牙以自衛，只顧營私利己，不慮罪孽深重；龍蟠大澤，虎踞深山，自以為得計，在聖人視之，不過一冥頑不靈之動物而已。

聖人遵道而行，超然無累，不私心妄為，不自尋憂患，「戴仁而行，抱義而處，雖有暴政，不更其所(操守)」(禮記儒行)。生死有律，任其自然，生無足喜，死無足懼；身之大患，無過於死，死且不懼，何有大患？身不足以累聖人之心，大患不足以懾聖人之志也。

故貴以身為天下者，則可寄於天下；愛以身為天下者，乃可以託於天下。

此四句，各本不一，王弼作「故貴以身為天下，若可寄天下；愛以身為天下，若可託天下」。茲從河上本。

前段所述聖人超然無累之態度，並非輕視現世，期於死而後為得也。只期於死以了此生，豈非有厭世自私之意味？丞謂舜曰「身非汝有，是天地之委形也；生非汝有，是天地之委和也；性命非汝有，是天地之委順也」(列子天瑞、莊子知北遊，皆有此語)。「天地與我並生，而萬物與我為一」(齊物論)，生死以自為自然，皆無所逃於天地之間，故身非己有，乃天地之所有；如此，則榮辱得失、成敗生死、坦然處之而已。既不重視個人之榮利，而以身乃天地之委形，假如「不得已而臨莅天下」（莊子在宥），即以身為天下之身，故所重者以身為天下之人救患難，所願者以身為天下之人造幸福；聖人有此心胸，故可以寄託以治天下之大任。

莊子在宥篇「故貴以身於為天下，則可以託天下；愛以身於為天下，則可以寄天下」；此與讓王篇「唯無以天下為者，可以託天下也」同意。道家恬淡之人生，不慕世俗之榮利，如逍遙遊所述：堯讓天下於許由，許由曰：鷦鷯巢林，不過一枝；偃鼠飲河，不過滿腹；世人皆慕天子之富貴，「予無所用天下為」！予好比鷦鷯偃鼠，所需甚微，天下雖大，於我何用？——上述在宥、讓王篇之言，即如許由其人者，重淡泊自然之人生，不重富貴榮華之人生，故愛其身而不願得天下，亦即不重視個人之尊榮享樂，若此人者，乃可以託以治天下之大事。

或將上述莊子之言與老子本段之義合解，然在宥篇之句，身字下有於字。「貴以身於為天下」，言貴其身甚於得天下，即謂聖人不以得天下為貴也。老子本段之意謂：治天下者當公而忘私，其所貴者以身為天下，而非為個人；猶如荀子大略篇所謂「天之生民，非為君也；天之生君，以為民也」；若以天之生民，為供給君之奴役，是爭天下者之思想也。上述在宥與本段之言、語句相似、而語意不同也。

十四章

本章形容道體之微妙，如有人悟而得之，守而持之，立身處世，便可得「以簡御繁」之道紀。

視之不見，名曰夷；聽之不聞，名曰希；搏之不得，名曰微。

此三者、不可致詰，故混而為一。

夷、希、微：為看不見、聽不到、摸不着之三種名稱；名稱為代名詞，原無固定，即首章所謂「非常名」。

搏：雙手於掌中揉和軟物，使之成丸曰搏，例如藥丸、肉丸、皆為於掌中搏弄而成為圓形者也。此處可作摸索解。

致詰：致、盡也，詰、問也，致詰為追問到底之意。

人之感官、力量有限，雖實有之物，近在身邊，而人所不能感到者亦甚多，例如：看不見空氣之流動，聽不到螞蟻之鳴聲，摸不着飛來之微塵，此三者皆為實有之物，而人之感官，不能認知，視之不見者，並非無其物，聽之不聞者、並非無其聲，摶之不得者，並非無其質，只知其有，而不知其實，視覺、聽覺、觸覺，三覺不同，所認知之外物亦不同，目能見色，而不能知聲；耳能聞聲，而不能識色；手能感硬軟滑澀；而不能辨色聲；三覺之力量，所不能知者，並非無其物，有其物而感官不能知，則無法追問其實際，只可名之曰夷、希、微以分別之，此三者，只能稱其名，而不能舉其實，似乎皆歸於無，故混而為一，雖云為無為一，然其中則包含夷、希、微、種種複雜之真際；舉此喻，以明「道」之本體亦然，「窅然空然，終日視之而不見，聽之而不聞，摶之而不得也」(莊子知北遊)。道無所不在，包羅萬有，而無象無狀，混為一體，故簡稱曰一，廿二章所謂「抱一」，卅九章所謂「得一」，以一為道之別名，皆源於本章之意。

其上不皦，其下不昧。繩繩不可名，復歸於無物。是謂無狀之狀，無象之象，是謂忽恍。迎之不見其首，隨之不見其後。

皦：明也。　昧：暗也。　繩繩：猶綿綿、長遠不絕之意。又、古繩字與玄字相似，繩繩或即玄玄之誤，玄而又玄，故不可名也。

忽恍：閃爍不定，似有非有，似無非無之狀。齊物論云「既已謂之一矣，且得無言乎」？既稱道曰一，似乎有一物可言，然而「道不可言，言而非也」（莊子知北遊），道不可以言詮，若落言詮，便屬形迹，若有形迹，終歸變滅。道，「未有天地，自古以固存」，永不變易（大宗師）。眾物每隨時空而幻變，在高處則顯明，在低處則幽暗，「道無所不在」，無所謂上下高低；「在太極之先而不為高」，故不皦；「在六極之下而不為深」，故不昧（大宗師）。繩繩然，如川之長流不息、而不可捉摸，不可以名言形容，故復歸於無物。然「無」非真無，「其中有精」（廿一章），是謂無狀之狀，無象之象，猶如目不能透視海外，而海外仍然有世界，無而為有，實而若虛，「獨立而不改，周行而不殆」（廿五章），道，無空間之限制。就時間而言：道無始終，「先天地生」（廿五章），故迎之不見其首；「莫知其終」（大宗師），故隨之不見其後。道不可言，而言之如此，亦只是恍惚言之而已。

執古之道，以御今之有；能知古始，是謂道紀。

古始：即皇古元始，人類必遵之道，即真常之道。　道紀：紀為總要，為綱紀，道紀即道之要領。

上段講道體，此段講悟人得道之妙。道體動靜變化，不落機械，與時偕行，攸往咸宜，雖恍兮惚兮，變動不居，而「其中有信」，自古及今，其名不去」。

（廿一章），其中有真常之定理，莊子所謂「道樞」，可以應用無窮（齊物論）。「天得一以清，地得一以寧，萬物得一以生，侯王得一以為天下正」（卅九章），一者，道也，萬物之存在有一定之原則，人生之大道有統一之規律，故曰一。人不能離道而生活，故自古及今，道名常在。大道古今一致，雖時代不同，然真理無二，能知自古人生之定義，以自然合理為度，便可一理貫通，由古推今，捉住道之要領，而得「以簡御繁」之妙用。

十五章

本章形容得道之士，深不可識之態度：恭己慎行，「望之儼然，即之也溫」（論語子張篇），而胸境曠朗，雖和光同塵，而自有真宰，守道不渝，故能不染濁流，而永新其德。

古之善為士者，微妙玄通，深不可識。傅奕本「士」作「道」。

微妙玄通：形容得道者，形神俱妙之態度。理趣精細曰微，守常達變曰妙，幽遠莫測曰玄，貫徹眾理曰通。

世俗之人，迷於利欲競爭之場，私心用事，逞其粗鄙；利令智昏，施其巧詐；淺狹輕浮，好露鋒鋩，誤入歧途，執迷不悟；此亂之所由生也。自古善爲士者，有道有守，睿哲深遠，知周萬物，天機內蘊，「光而不耀」(五十八章)，此即所謂微妙玄通。其悟道之程度，微而妙，玄而通，其處世之態度，沖虛淳樸；眾人固以平易視之，不見其深不可識之程度也。

夫唯不可識，故強爲之容：豫兮若冬涉川，猶兮若畏四鄰，儼兮其若客，渙兮若冰之將釋，敦兮其若樸，曠兮其若谷，混兮其若濁。

豫猶：遲疑之意。猶豫本爲兩種獸名，性好疑慮，故俗以對事遲疑不定者，曰「猶豫不決」。

儼：莊重貌。　渙：流散貌，與分離同意。

樸：素樸而無文飾。　混：莫測其深淺。

深不可識，不可言喻，縱勉強形容之，亦不能逼真。其敬慎貞固，處事不肯輕躁，猶如冬日渡河，步步穩重，免得偶或失足，好似有所疑慮，不敢前進一般。其平居無事，四鄰雖所親狎，而亦敬畏相對，惟恐有所疏慢。其處世莊重，不敢放恣，望之儼然，如賓客之恭謹。其態度雖如上述之莊嚴，然而並非冷淡寡情，故待人接物，藹然如春，冰解凍消，一團和氣。其所以如上述之風度，因其本性敦厚，純真自然，不假偽飾，如未經雕鑿之原樸，一般毫無矯揉造作之迹象。其胸襟曠廓，虛懷若谷，有廣大能容之量。其微妙玄通，超然不群，而不立異以爲高，故能與眾人和光同塵以相處，似乎與俗同流，混然若濁，然而水性本清，若濁並非真濁。諺云「真金不怕火煉」，外物不能毀其真性也。

孰能濁以靜之徐清？孰能安以久動之徐生。　永樂大典無「久」字。

俗人隨波逐浪，汩沒性靈，揚起混亂，竟陷身於濁流，而不能自拔。若夫在汙穢風氣之中，靜定自持，寡欲養心，不受薰染，對外在之影響，視若無睹，聽若不聞，使之以次幻滅，而自身之境界仍然清淨無垢，其誰能之？曰有道者能之也。俗人逐物移意，一往不返，處康泰之境，則宴安隳落；處憂患之境，則委靡沉淪。若夫守道自安，處變如常，不凝滯於物，而能因時而動，天機勃發，以善其人生者，其誰能之？曰有道者能之也。

保此道者不欲盈，夫唯不盈，故能敝而不新成。

此段末句，河上作「故能蔽不新成」，注「蔽者匿光榮也」。王弼本與河上同，注亦相類。景龍本作「能弊復成」，弊通敝，謂既敝而又能復成也；爲推陳出新，其用無窮之意。是以易順鼎謂：疑當作「故能敝而新成」，以與二十二章「敝則新」相照應。然諸本多作「不新成」，永樂大典作「故能敝而不新成」，淮南道應訓作「故能敝而不新成」，茲從之。

保：守也。　盈：滿也，自滿自足也。　能：王道云「能讀爲耐。敝，舊也，耐敝者，雖舊不壞，所謂「長於上古而不為老」也（莊子大宗師）。新成、再造之也」。雖舊而不壞，故無須再造。

物過盛而必衰，事過分而必敗。以上所述善為士者，深不可識之容，其守持此道，首在謙沖而不自滿；不自滿，故能虛心觀理，練達世情，物來順應，而不相礙。「人道惡盈而好謙」（易謙卦）；「夫唯不爭，故無尤」（第八章）；聖人「自愛，不自貴」（七十二章），不自貴則卑以自處，而不招人忌；「咎莫大於欲得」（四十六章），欲得故爭，爭則致禍，此古今不易之理；雖白雲蒼狗，世道多變，時人造新奇之論，崇機變之巧，罵有道者為頑固守舊，然而既高呼打倒舊禮教，旋而又主張恢復舊道德，朝三暮四，恃勢欺人，真是喪心病狂之行耳。善為士者，微妙玄通，深不可識，執此古道，以應今世，從容不迫，履險如夷；「此道」猶如摩尼寶珠，有時雖蒙塵土，而其輝光內蘊，萬古常新也。

十六章

本章言：致虛守靜之修養，作到極篤之程度，方能明理悟道，與天合德。

致虛極，守靜篤。

致虛守靜：致、推而極之也；推、進展也。　虛者、心境空靈，對內則虛心無欲以體道，對外則虛心觀物以察理。極、至高之境地也。　靜、心境恬靜，不受外物之擾動。篤、實也。——道家之虛靜，猶佛家之禪定，為養心修慧之要道；大學所謂：定、靜、安、慮，孟子所謂：「存心養性」，皆有相通之義。

保養心體之靈明，不惑於物慾，故能對聲色貨利，視若無睹，胸境清朗而無雜念，此為致虛。心既不為外物所誘，不追逐利慾，不生妄念，故心情閒逸而無煩惱，此為守靜。能虛始能靜，能守靜方能致虛，二者本為一事，致虛極、守靜篤，則心神健強，天機靈活，方能洞察真理，徹見大道。

萬物並作，吾以觀復。

作：興起之意，並作、猶言並現於前也。　復：易復卦云「反復其道，七日來復，天行也」；又云「復其見天地之心乎」！復即天道往復，循環之理。

萬物為天地之總體，就萬有之現象觀之，可悟天道運行循環之理：寒來暑往，冬去春回，日沒於西，復昇於東，水騰為雲，復降為雨，滄海化為桑田，高陵變為深谷；天道運行不息，運行至某一限度，必然循道回反，周而復始，往還不已。萬象忽起忽滅，幻化無常，而其實則新陳代謝，變而不變，無往不復，有其常律，此必須致虛守靜，始能察其幾微。

夫物芸芸，各歸其根。歸根曰靜，是謂復命，復命曰常。知常曰明；不知常，妄作凶。

芸芸：萬物繁盛之貌。　根：第六章云「天地之根」，根即道；萬物由道賦命出生，故曰根。根為根本，命即生命，萬物之生命禀受於道，道為宇宙生命之源，萬物之生命皆由道衍出，故稱之曰根。

道體虛靜，「虛而不屈，動而愈出」（第五章），陰陽相盪，乃生萬物，「萬物生於有，有生於無」（四十章），「有」為生命，「無」乃道體。萬物芸芸，出生於無，復歸於無，故曰各歸其根。歸根則形象寂滅，故曰靜。道如大海水，萬物如水中漚，眾漚還滅，仍為大海水；生命受自道，結果仍歸於道，故曰復命。

生為動，死為靜，一動一靜，有生有死，死生變化，此乃自然之常道；明此常道，則生順死安，「不知悅死，不知惡死」，甚至以生為羈旅，以死為「返真」（莊子太宗師）。棄去死生，不存喜懼之心，順天理，「正而待之而已耳」（莊子山木），其對死生視之等閒，對得失窮通，當更處之泰然，此非明道者不能也。

彼夫不知常者，不明天道往復之理，固執一端，貪生怕死，違天理以圖苟生，縱私欲大膽妄為，終致罪無可逭之禍，故曰「不知常妄作凶」。

知常容，容乃公。公乃王，王乃天。天乃道，道乃久，殁身不殆。

能知真常自然之道，則能會通眾理，不落偏見，而有廣大包容之量，則以「萬物與我為一」（齊物論），而「愛以身為天下」（十三章），廓然大公。大公無私，則萬眾歸心，故曰公乃王。王道「與天地合其德，與日月合其明」（易乾卦），故曰王乃天。「天法道」（廿五章），能合乎天德，即能實踐真常之道，故曰天乃道。道可應萬變而不窮，歷萬古而常新，故曰道乃久。循天之理，遵道而行，「無物累、無人非、無鬼責」（莊子天道），故終身不殆。

「公乃王，王乃天」，王弼注「蕩然公平，則乃至於無所不周普也。無所不周普，則乃至於同乎天也」。故勞健以為「王」乃「全」字殘缺之訛，王注「周普」，顯然為詳釋「全」字，而非訓釋「王」字。且「全」與「天」叶韻，故當作「公乃全，全乃天」。莊子天地篇「執道者德全，德全者形全，形全者神全，神全者聖人之道也」。又，呂氏春秋本生篇

「天子之動也，以全天為故者也」，高誘注「全猶順也」，皆可助「王」當作「全」之證。道藏龍興碑本作「公能生，生能天」，「生」字於義難通，「生」字形近乎「全」字，恐亦係「全」字之誤。勞氏之說頗可取，惟各家之本，多作「公乃王，王乃天」，於義可通，故不必改。

十七章

本章講無為而治之功德。將政府分為四等：至上者無為而治，依次而下第四等，人民以政府為敵，在位者便為革命之對象矣。明君以國為家，不以政權為私人之資本，為國造福，亦即為家造福，如此則功成事遂，乃心安理得最大之德業，不自誇功，功在國家。百姓以服從政府、享受權利，為自然之事，對政府無所謂恩怨，故老子云：明王之治，「化貸萬物，而民弗恃」(莊子應帝王)，明主功蓋天下，德化溥施，百姓日用而不知，以為我自然如此，未曾依恃政府。古之盛治如此，古之明君與今之民主相較如何？

太上、下知有之；其次、親之譽之；其次、畏之；其次、侮之。

太上：至上最上也，指聖君而言。　下知有之：下、指人民而言。吳澄及永樂大典本作「不知有之」，謂上古大道之世，民不知有其上也，即莊子徐無鬼篇所謂：聖人「澤及天下，而人民不知其誰氏」之意。茲從河上及王弼諸本作「下知有之」。

禮記曲禮云「太上貴德，其次務施報」，至上之世，只貴以德待人，施恩不圖報。卅八章云「上德無為，而無不為」，「聖人處無為之事，行不言之教」（第二章），人民在德治之下，如嬰兒在搖籃之中，只知有人推動之，感到舒適，不知其人愛護之誠。堯天舜日，盛治之世，人民「安其居，樂其俗」（八十章），上下相安於無事，民間只知有政府之名而已，以為「帝力何有於我哉」？（堯時民歌），只知有帝，而不知有「帝力」，故曰：下知有之。

其次、則社會人事日繁，淳樸之風漸薄，政府勵精圖治，以顯事功；勸善懲惡，以敦教化；而且故施惠政，以示愛民；故人民愛護政府而頌美之。

再其次，則世道漸壞，人情日偷，在上者不能任用賢能起衰振敝，而以仁義教化為迂濶無用，以權術法律為政治利器，不思以善政安民，惟恃刑罰以威民，使民畏之不敢反抗而已。

再其次，則政府空有為國之名，實乃騙人之局。掌政權者，既無公正之心，又無專制之能，而只是結黨營私，擁兵自衛，以武力鎮壓人民，只顧目前之尊榮，不計國家之後患，前後左右，皆為拍馬攄歌頌之徒，彼以為拍馬攄歌頌、皆其忠實之走狗也。其實人民心中，視之為狂馬瘋狗而已，皆同類之物也，以此侮之，而表面又不得不逢迎之，而彼則麻木不仁，自以為得意也。

信不足焉，有不信焉。悠兮其貴言，功成事遂，百姓皆謂我自然。

悠：思也，考慮也。傅奕本作「猶兮」，與十五章之「猶兮」同意；即「猶豫」、含有謹慎之意。　事遂：事成也。

政府必須以誠信對待人民，人民始能心悅誠服。朝三暮四之術，人民終能發覺。高談堯舜之道，實行幽厲之政，失信於人民，人民便不信之。天道不言，而四時行；王道默化，而人民信。「為政不在多言」，重在實行。政教法令，必須審慎頒佈，故曰「悠兮其貴言」。

聖人布德施化，移風易俗，無為而治，不言而信，功成事遂，人民在自由生活之中，各安其居，各樂其業，以為「孝悌力田」（漢惠帝文帝勸勵人民之公告），乃我自然如此之事，何勞政府之督導哉！此猶如莊子天地篇所謂：聖人之治天下也，使之成教易俗，「若性之自為，而不知其所由然」。

不惟古昔之聖君為政，使人民感到自然，即後世之明君亦然；北方民間流傳之諺云「納了稅粮不怕官，敬了父母不怕天」，意謂：敬親納稅，皆是自然誠願之事，無須政府勸導；孝悌為諸德之本，納稅為當盡之責；當盡之義務皆已作到，官府決無格外為難之事，故曰「不怕官」。因此又云「朝廷任有多麼大，不犯王法，管不着咱」。自由、平等、幸福之生活，可以想見，此即孟子所云「王者之民皞皞如也」（盡心篇）。

十八章

本章言：大道既廢、世風日壞之現象。老子並非以仁義孝慈為不美，而乃以大道既廢，人情失卻淳厚，風氣日益偷薄，故社會紛亂，家庭不和，不得不提倡仁義孝慈，以維持世道人心。智慧本為可貴，而用之以作偽欺世，則喪卻價值。忠良令人欽崇，而奸類為害，國家昏亂；忠臣出現，義氣激昂，可歌可泣，已成為悲慘之局面；事實如此，老子慨乎言之。

大道廢，有仁義；智慧出，有大偽；六親不和，有孝慈；國家昏亂，有忠臣。

大道：即禮運所謂大同社會，天下為公之王道。　六親：父子、兄弟、夫婦，（見易．家人卦）。

大道未廢之時，聖王御世，人羣融化在淳穆風尚之中，「故人不獨親其親，不獨子其子」，休戚相關，習為自然，故「端正而不知以為義，相愛而不知以為仁」（莊子天地），正如莊子所說「魚相忘於江湖，人相忘於道術」（大宗師）。後世有壟斷政權之君出現，視天下為私人之資產，自身富貴尊榮已極，又欲傳其子孫以為萬世之享受。上行下效，乃引起人慾之鬥爭，如此而大道廢矣！盜竊亂賊乃作，因此，在上者乃舉出愛人濟世之品德曰仁，正直合理之行為曰義，表明此乃可貴之美德，於是乃有仁義之美名出現。夫「道德不廢，安取仁義」？（莊子馬蹄），社會險惡，人類始以仁義相尚，猶如涸澤之魚，「相呴以濕，相濡以沫」，失卻相忘於江湖之幸福矣！（大宗師）。

智慧所以辨理，本為美德，盜竊亂賊、自造罪孽，為不智之舉，然大道既廢，人心趨向利慾，故遂憑其智慧，用種種手段，巧取不義之利。不義之名暴露，於己有害，智慧能辨別是非，亦能顛倒是非，以盜取仁義之名，「大奸似忠，大詐似信」，一切詭譎欺騙之大偽，皆由智慧造出。

社會澆薄之風，影響家庭；世事糾紛之爭，涉及家庭；於是親屬骨肉之間，乃因之而不睦，甚至父不父，子不子，違反天倫；在上者乃提倡父慈子孝，使之各遵禮法，以和順家庭。

世衰道微，紀綱不振，上無道揆，下無法守，是以政治腐敗，國家昏亂，有魚肉人民之貪官，亦有清廉愛民之循吏；有圖謀不軌之巨奸，亦有起義戡亂之忠臣，諺云「無奸不顯忠」，又云「國亂出忠臣」，唐太宗贈蕭瑀詩云「烈風知勁草，板蕩識忠臣」，此之謂也。

十九章

本章承上章而言：欲醫治大道廢後社會之病態，必須絕棄虛偽之文，恢復淳樸之風，五十七章云「我無為而民自化，我無欲而民自樸」，此全賴為政者之領導。

絕聖棄智，民利百倍。絕仁棄義，民復孝慈。絕巧棄利，盜賊無有。

聖智：道德修養達乎極地者曰聖人。本章聖智之聖，並非聖人之聖。周禮大司徒、以六德教萬民，曰「智、仁、聖、義、忠、和」，與本章之聖同意；此聖純指才識而言，如說文所解「聖，通也」，謂能通理以治事也。智為聰慧，聖智，才識卓越者也，豈可絕棄？然人每忽視道德，徒恃才識以行事，聰明反被聰明誤。人君若不以「正治國」，而專用才識以權術統治人民，猶如孟子所說「是相率而為偽者也，惡能治國家」？（滕文公篇）。莊子胠篋篇「絕聖棄智，大盜乃止」，在宥篇云「絕聖棄知，而天下大治」皆此意也。

聖智才識本為可貴，然一般人每自以為聖，故逞其私智以處事。攘雞偷桃之徒，手法巧捷，自以為聖矣；貪官汙吏，玩法舞弊，自以為聖矣；元惡大憝，弄權誤國，自以為聖矣；兩次世界大戰之禍首，自以為聖矣；自以為聖，故逞其私智，以作一切害人利己之勾當，結果既害人而又害己；苟其初不以聖者自居，不逞其私智以妄為，則人己兩利矣。為國君者，尤好如此，高居尊位，一呼百諾，自以為聖，自作聰明，巧設種種法令，完全為便於操縱政權，控制人民，其私人固便利矣，然而卻大不利於人民。似此聖智，其所發明之辦法愈多，人民所受之害愈大，故曰「絕聖棄智，民利百倍」。

仁義為善行美德，因大道既廢，社會有不仁不義之人，故始提倡仁義。仁義之美名既足崇尚，故有人假仁假義，只務虛名。虛名可得到虛榮以耀眾人之眼目，以提高自己之地位，因而社會有爭名之風；爭名而「奔命於仁義，以仁義易其性」（莊子駢拇），如此已不成其為仁義；不惜一切，求達所願，甚或「戴寶而朝」（禮記檀弓），或「殺妻求將」（史記吳起傳），競於外務，疏於親屬，眾人慕其榮名，引起效尤，因而生出六親不和之病；於是於仁義之外，又提倡孝慈，猶之後世之法治主義，不治本，而治標，每生一弊，輒立一法，結果「法令滋彰，盜賊多有」（五十七章），捨本逐末，不能致治，假仁假義，應當絕棄。

在上位者，若能以身率正，法天道之無私，順人情之自然，啟發理性，「夫孝，德之本也，教之所由生也」（孝經），由父慈子孝，家庭之愛，擴充而為人羣之愛；「老吾老以及人之老，幼吾幼以及人之幼」，如此，則孝慈即為仁義，仁義即含括在孝慈之中，秉要執本，使天下之德歸於玄同，又何必多立名目，以增加紛擾哉！故曰「絕仁棄義，民復孝慈」。

巧者拙之反，拙即俗語所謂笨拙，當然無足尚；巧之含意為美善靈巧，如奚仲善造車輿，伶倫善製音律，子產善為政，孫武善論兵，皆含靈巧之意。四十五章云「大巧若拙」，所謂若拙，並非真拙，而乃日常處事，實踐篤行，決不投機取巧；然而定大謀，治大事，則能巧設善策，事半功倍，所謂君子不可小知，而可大受也」（論語衛靈公）；故聖人並不反對巧。聖人主張「以美利利天下」（易乾卦），使「民利百倍」，故亦不反對利。本章所謂「絕巧棄利」者：如巧弄權術，「巧言亂德」（衛靈公篇）；重利輕義，與民爭利；上行下效，機巧愈出，人心愈詐；唯利是圖，不擇手段，於是盜賊乃起，公然殺人越貨。為防微杜漸起見，在上者，唯有以身率正，屏棄譎巧之術，不存私利之心，則政治清明，而盜名盜利之徒，無由產生，故曰「絕巧棄利，盜賊無有」。

此三者以為文不足，故令有所屬：見素抱樸，少私寡欲。

三者：即前文之聖智、仁義、巧利。 文：有二解，(一)論語學而篇「則以學文」，文指文字理論而言。又如官吏玩法曰舞文，文指法律條文而言，亦含文字理論之意。此處之文，即指絕聖棄智以下三種理論而言。(二)論語雍也篇「文勝質則史」，質，樸實也；文，華美也。聖智仁義之迹，皆可得美名，好名之人並不為惡，然難免有徒務虛名而無實行者，流而為偽，則不善矣。巧以治事，利以益民，各有功用，然世人每由此而發生嫉害。聖智、仁義、巧利，三者皆為文明中一部分之美，不足於道之全體大用，及其發生弊端，則流為管子所謂「文巧」、牧民篇云「文巧不禁，則民乃淫」，與本章之義相通。

聖智、仁義、巧利，若不違道，當然為美德；無奈世人競尚此三者，每至失德而流為虛妄，故孟子謂有「非禮之禮，非義之義」(離婁篇)，似是而非，不成其為仁義；故老子特別提出主旨，令有所屬，不離於宗，猶如國家之法律，必有基本原則，原則下所分之各項條文，若單獨提出一項，不能包括原則，然不能違乎原則，只要能遵守原則，自然由本及末，可擴充到枝節問題。聖智、仁義、巧利，即使不流於虛妄，而實現其真正之功用，亦只是道中之三種項目，三種條文，不能總持道之全體，故曰不足。故應使之有專屬之目標，此目標即「見素抱樸，少私寡欲」，使人坦白誠實，淳樸而無虛偽；

使人知社會公共之幸福為根本之幸福；降低私心欲望之要求，各自站在守分自愛之立場，始能推愛及人，和睦相安。如此民德歸厚，世風淳穆，即無須特別舉出種種美德名辭，人人順其性命之理，以安其羣體生活，猶如「魚相忘於江湖」，而諸德玄同矣。

二十章

上章言：治國者當絕棄智巧，恢復淳樸。本章言：修己者當絕棄俗慮，恬淡為懷。棲心大道之鄉，不慕紛華之場，與世無爭，翛然無累。此中之趣，眾人能領略乎？

絕學無憂。唯之與阿、相去幾何？善之與惡，相去何若？人之所畏，不可不畏；荒兮其未央哉！

絕學無憂：宋晁公武郡齋讀書志謂：唐張君相三十家老子注以「絕學無憂」一句，附「絕聖棄智」章末，以「唯之與阿」別為一章。後歸有光姚鼐等，亦以此句屬十九章。茲因各家之本皆未改歸上章，故仍從眾。後漢書范升傳云「絕學無憂，絕末學也」。上章所說之聖智、仁義、巧利，乃世俗以偽亂真，有名無實之敗德，故當絕棄之。本章所謂絕學，亦與上章所絕者同，此學非真正之學問，乃世俗所運用巧取名利之知識，此即所謂末學也，故亦當絕棄之。

唯：恭敬之應聲。　阿：怠慢之應聲。　荒：廣遠也。　央：止也。

六十四章云「聖人學不學」，聖人博學多聞，所學者為明至理，通天人，欲「知周萬物，而道濟天下」（易繫辭），此世俗所不願學者也。世俗之學，大抵為名利中智巧之知識，此種知識愈多，思想愈紛歧，離道愈遠，因而憂患愈多，故曰「絕學無憂」。因為世人獵取名利，行事詐偽，多無真誠，對於某件事，外表恭順，內心未必不反對；或者故意行善以作文飾，而暗中別有企圖。故世俗之事，不易辨其是非，唯之與阿，善之與惡，竟爾相差不遠。

人情虛偽，世路險惡，到處機詐，誰不畏懼？易云「天地閉，賢人隱」（坤卦），賢人決不肯「暴虎馮河」，自蹈危機（論語述而），只得戒慎惕厲，明哲保身而已。漫天風波，遍地荊棘，憂患層出，無有已時，皆世俗之學，所造之孽也。

衆人熙熙，如享太牢，如登春臺；我獨泊兮其未兆，如嬰兒之未孩。

熙熙：歡樂之聲。　太牢：牛羊豕三牲曰太牢，此指豐盛之筵食而言。

如登春臺：春臺為壯麗娛樂之臺。古本多作「如春登臺」，河上注云「春陰陽交通，萬物感動，登臺觀之，意志淫淫然」。俞樾據此注，謂古本必皆作「春登臺」，「登春臺」為傳寫之誤。畢沅云：王弼、顧歡本皆作「春登臺」。明正統十年，道藏所刻明皇本，始誤作「登春臺」。俞畢之說，皆有理。蓋以「春臺」一詞，不見經傳，故不取「如春登臺」、與第十五章「若冬涉川」之句一律，故為正確。其實「如登春臺」，與上句「如享太牢」，措詞一致，而且「春臺」如春郊、夏雲、秋水、冬山等詞相似，即依河上之注作解，亦仍可通也。

泊兮：恬靜貌。　兆：朕兆也，迹象也，有所分別也。

孩：傅奕本作「咳」，說文云「咳，小兒笑也」，古字作孩。名小兒曰孩，即因其笑聲而然。

世俗智巧之學，為爭名奪利之術，其中隱伏憂患，而世人以名利為樂，熙熙然如饗盛筵之美味，如登春臺之佳趣，而我獨視之淡然，不動聲色，猶如嬰兒之不識不知，雖將金玉珠寶置其手中，彼亦不加喜笑，因其無私欲也。

儽儽兮若無所歸，眾人皆有餘，而我獨若遺。我愚人之心也哉？沌沌兮、俗人昭昭，我獨昏昏；俗人察察，我獨悶悶。

儽儽：疲倦貌，不振作之貌。纍纍、儡儡、傫傫、此處古通用。又或作「乘乘」、憨山云「猶泛泛也」，取莊子列禦寇篇「汎若不繫之舟」之意。

沌沌：純厚也，質樸無欲之稱。　昭昭：明也。昏昏：暗也。　察察：斤斤計較。　悶悶：猶憎憎，無知之貌。

溷濁社會之中，爭名者於朝，爭利者於市，皆有其趨向之目標，聖人「遊心於淡」（莊子應帝王），神氣沉默，無所營求，無所拘繫，猶如無所歸宿一般。眾人各執所見，自得自滿，似乎大有智略，用之不盡；而我獨以為大道無涯，所知太尠，虛心探求，猶如有所遺失而尋之不得一般。——眾人如彼，而我獨如此，我果真為愚昧之人乎？「渾渾沌沌，終身不離」（莊子在宥），我始終保持純樸之態度，與世無競。眾人自誇其能，炫耀聰明，而我獨韜晦守靜，不為眾人所注目。眾人各逞其智，錙銖必較，而我則憨厚率真，存心忍讓，**憎憎然若童蒙之無知。我雖異於眾人，而無所刺激於眾人也。**

澹兮其若海，飂兮若無止。衆人皆有以，而我獨頑且鄙。我獨異於人，而貴食母。

澹兮其若海：澹，水搖蕩貌。釋名釋水「海，晦也，主承穢濁，其色黑如晦也」。故嚴遵本作「忽兮若晦」，言聖人之深遠恍忽不可窮極也。

飂：高風也。　衆人皆有以：以，用也。　頑：愚鈍。　鄙：固陋也。

貴食母：母，指道而言。劉師培云「食當作得，即五十二章得其母之意，得其母即得道也。」唐玄宗御注「而貴求食於母」，范應元本遂因之而加「求」「於」二字。

聖人之態度，如大海之澹蕩，汪洋無涯，「深不可識」；如長風之飂戾，飄然適**性**，周行無礙。衆人昭昭察察，現其有用有為之本領；而我獨昏昏悶悶，不露鋒鋩，與愚鈍無知之人相似。

我為何如此與衆不同？因衆人所用者為智巧之學；而我所貴者，為人生之根本大道，我之生活不離乎道，猶如嬰兒依母為生一般。衆人違道作偽，「心勞日拙」（尚書周官），我則遵道而行，故安然無慮也。

二十一章

本章旨：大德之人，了解道之真實，故能悟其要妙，從而行之；且能以道觀物，通達眾理。——文內形容道體，可與第一、四、六、十四、廿五、各章參閱。

孔德之容，惟道是從。道之為物，惟恍惟惚，惚兮恍兮，其中有象。恍兮惚兮，其中有物。窈兮冥兮，其中有精。其精甚真，其中有信。

孔德：尚書禹貢「六府孔修」，詩國風東山「其新孔嘉」，孔、大也、甚也。

孔德、大德也，盛德也。

容：人生態度也。或因王弼注「孔、空也，惟以空為德，然後乃能動作從道」。因此、謂「容」乃「搈」之借字，搈、動也。——其實人生態度，包括動作，不必轉拉搈字作解。

恍惚：見第十四章。　有物：鳩摩羅什曰「妙理常存，故曰有物」。

窈冥：深遠貌。

恍惚、惚恍、有象、有物、有精、有信：精即真，真即信，此為反覆形容道體虛而有實之妙，若逐字追尋，則呆板穿鑿矣。

老子對孔子云「君子盛德容貌若愚」（史記老子傳），大德之人，言語動作，遵道而行，內藏其智，不炫於外，眾人視之，皆若愚，然而其由然與道相從，「善行無轍迹」（廿七章），「君子之所為，眾人固不識也」（孟子告子篇）。

君子明道行德，道本不可言說，若勉強言之：其為物也，恍恍惚惚，窈窈冥冥，不可窺測，不可捉摸，然卻非空無所有，「綿綿若存」（第六章），在恍惚窈冥之中，有無象之象，無物之物，此象此物，最精微，最真實，「昭昭生於冥冥，有倫生於無形」（莊子知北遊），其在無形之中所發出之功用，信而有徵，永無差忒。

自古及今，其名不去，以閱眾甫；吾何以知眾甫之然哉？以此。

王弼本「然」作「狀」。

以閱眾甫：河上注「閱、禀也。甫、始也」。禀、讀為廩，與也，給也。言道賦與萬物以生機，萬物從道受氣而始生，故閱字含有出生之意。王道云「閱、經歷也。甫、美也。眾甫、天地萬物，凡自道而生者、皆是也」。眾甫、猶言眾妙也。　以此：此指「道」而言。

道，無形無名，「無名天地之始」，天地萬物之始皆出自道。自古及今，道之功能不變，其發生萬物之名義，亦永遠不變。無象無狀，有精有信，是謂天地之根，眾生由之而起，由之而滅，迹象昭然，皆不能離乎道，流遷幻化，如行路之過客一般，來來去去，皆受道之閱歷支配。吾何以知萬物與道之關係如此哉？道為萬有之本，其體無形，萬物未生之前，寓在道中，亦無形，「有生於無」，萬象由無而生，經歷道之造化而出現，及其變滅，仍歸於無；如泡影之一閃，如曇花之一現，生住異滅，恍惚無定，皆為道所散發之迹象。由道所暗示之規律，便可推尋一切事理，便可決定信心，惟道是從。

二十二章

本章言：天下之事，變化無窮，不可自逞智能，固執一偏，應破除私見，「毋固毋我」，了解真理以為依據，是以聖人守道為天下式，卑以自牧，故能發揮謙尊而光之盛德。——本章可與第二及廿章參閱。

曲則全，枉則直，窪則盈，敝則新，少則得，多則惑。是以聖人抱一為天下式。

曲則全：諺云「委曲求全」，即本此義。莊子天下篇稱老子之道「人皆求福，己獨曲全」，意謂：凡事不可過有所求，能曲全而免於禍，便為福，與本章之意略異。

枉則直：傅奕作「枉則正」。枉，屈也。直正兩義相通。　窪：凹下之地。

敝則新：敝，舊也。日月輪轉，亘古如斯，可謂舊矣，而輝光不改，萬古常新。又如今世提倡新生活，以古人所倡之四維為本，是則舊日生活即今之新生活。

抱一：一為道之別名，見第十章。抱一，明理而能守約也。

式：法則也。

天下事理相對，例如剛柔、強弱、雌雄、長短等等，皆為對立，不能固執一面以斷定事物之全理。內情複雜之事物，自外表觀之，似乎由正面直接用力，便可解決，而結果失敗；所以必須考慮周詳，委曲婉轉，順其性質而為之，始能成全，故曰「曲則全」。　與人有交涉之事，若能屈己謙讓，不作意氣之爭，結果理直氣壯，可以得到最後之勝利，故曰「枉則直」。　江海處於窪下之地，百川歸之，所以波瀾壯濶，充盈不竭，故曰「窪則盈」。家庭之中父慈子孝，社會之上敬老慈幼，今稱為舊道德，其實人情古今相同，道德並無新舊，故曰「敝則新」。對於事物之營求，若不作分外之想，所要求者少，而貼近事實，則易成而易得；若希望過奢，貪求無厭，便等於痴心妄想，一切落空，故曰「少則得，多則惑」。——諸如此類，乃常見之事，故凡事不可拘於一偏。聖人抱一，惟道是從，凡事必明其全理，求其的當，以為天下治事之法則。

不自見故明，不自是故彰，不自伐故有功，不自矜故長。夫唯不爭，故天下莫能與之爭。古之所謂「曲則全」者，豈虛言哉？誠全而歸之。

伐：自誇其能，自表其功。　矜：自賢自尊，恃才傲物。

再將前義引申言之：自己雖有見識，而不誇耀，不表現，故他人有嘉謨，願盡忠告，供爾參考，於是集思廣益，愈能成全爾之高明。所作之事，雖然合理，而不自以為是，不表示自滿，則他人對爾之作為，愈加贊美，爾之善行，便愈以顯揚。對社有功，自己不誇伐，而眾人卻傳頌不已是以功勞愈著。有特長之才幹，自己不矜驕，卻為眾人所信賴，是以愈足發展其所長。相反者、如廿四章所云「自見者不明，自是者不彰，自伐者無功，自矜者不長」（或謂：長、久也，亦通）。——總之、不逞現智能，不與人爭勝；我不與人爭，人亦不與我爭，古人所謂「曲則全」等等道理，豈虛言哉？誠能明道之大全，抱一守約，則道之全體大用，皆歸爾所運用，實至而名歸，名實兩全焉。

二十三章

本章言：聖人抱一為天下式，故發言必依據真理，本乎自然，合乎道體；決不逞私意發表議論。彼夫詭辯雄談之流，巧言惑人，大言欺世，雖一時動聽，然而不耐考驗，終究是非真象大白，不能取信於人。真理之言，出乎至誠，千古不磨。

希言自然。飄風不終朝，驟雨不終日。孰為此者？天地。

天地尚不能久，而況於人乎？

希言自然：希，少也，希言，寡言也。十四章云「聽之不聞，名曰希」，聽之既不可聞，則即等於無言」。自然：道體也，大道無言，而有其功能，希言乃合理之言，順乎自然，故曰「希言自然」。

飄風：大風。驟雨：急雨。

第五章云「多言數窮，不如守中」。道中之言，出乎自然，言簡意賅，入情入理，使人易於聽受，故不須多言。世人每執個人之成見而濫發議論，其言愈多，離道愈遠。甚至巧辭奇說，顛倒是非；高談雄辯，駭人聽聞。夫強風暴雨，震驚一時，旋即寧息；天道失常，造出不自然之現象，尚不能久，而況人類反常之謬論，狂妄喧囂，豈能久乎？

故從事於道者：道者同於道，德者同於德，失者同於失。同於道者，道亦樂得之；同於德者，德亦樂得之；同於失者，失亦樂得之。信不足焉，有不信焉。

從事於道者以下至「失亦樂得之」，各家說法不同。王道謂「從事於道者」

，指抱一之聖人而言。道者、德者、失者，指三等人物而言。聖人心地平等，普然大同，對于有道德之人，固同之矣，對於失德者，亦能和光同塵，不以為異己而歧視之，故失者亦樂得之。

淮南道應訓引「老子曰從事於道者，同於道」，魏源因之以「故從事於道者」以下「道者」二字為衍文，謂「道者、德者、失者，統言世上從事於學之人，有此三等也。全其自然之謂道，有得於自然之謂德，失其自然之謂失。同猶尚書「與治同道」、「與亂同事」之同，得之猶從之；言為道、為德、為失，初非生而分別，但人之從事於學者，所得各有不齊，是以各以類別耳。道本自然，人每以造作失之，無非自取」。如此而言，則以下當取河上本「同於道者，道亦樂得之；同於德者，德亦樂得之；同於失者，失亦樂失之」；而魏本卻採傅奕本「同於失者，失亦得之」，較為費解，其意蓋謂：行道者得道，行德者得德，行失者得「失」，無不相應也。

俞樾據道應訓「老子曰：從事於道者同於道」，並引王弼注，亦以「從事於道者」以下「道者」二字為衍文，猶云「從事於道者同於道，從事於德者同於德，從事於失者同於失」；如此而言，則河上本下文「同於失者，失亦樂失之」，於文為順。

且夫天地自然之理，亦不容妄發議論顛倒是非，事實顯然，修道之人，從容中道，心安理得，一切皆合於道，崇德之人，存心立德，力行不怠，一切皆合於德；失卻道德信仰之人，而又不敢公然破壞道德，乃空談道德，巧言欺世，其實其道德人格早已喪失。孔子云「習慣成自然」（賈誼陳政事疏），習於浮水者，水願為之利用；習於射箭者，箭願為之利用；習於道德者，一言一行，皆契合於道德，似乎道德亦願與之相得；喪失道德之人，不與罪惡期，而罪惡自至，似乎失德之憂患亦願與之相得。可知從事於善，則善與之相應；從事於惡，則惡與之相應。信道不篤者，喪失道德，而欲偽裝、詭言，以欺世，縱善為說辭，亦不能取信於人也。

二十四章

本章與前章俱講人生一切要順乎自然之理。茲又特別提出自己違反自然，對本身之害處，以作警戒。本章可與廿二章參閱。

企者不立，跨者不行。自見者不明，自是者不彰。自伐者無功，自矜者不長。其在道也，曰餘食贅行；故有道者不處。

企：舉踵而立也。腳根不着地，用腳尖站立，以增加身之高度也。

跨：越也，放開大步，兩步併作一步行，欲增加行走之速度也。

餘食贅行：餘食即食餘，食後所餘剩之物，如飯渣果皮之類是也。贅：多也，不必要而格外增加曰贅。贅行即格外多事，無意義之行為，如畫蛇添足之類是也。又、王道謂「行當作形，贅形，形之附贅者，如駢拇之類」。又，餘食作多食解亦通，多食過飽，反而有害，故嚴復謂「餘食、食而病者也」。贅行，則行之過當，格外生枝，自找憂煩。總之：餘食贅行，比喻多餘之物，無用之物。

處世行事，必須依據正道，實踐篤行，始能得實際之效果。若只憑巧事誇揚，以求意外之收穫，不但徒勞而無功，反而現出虛偽，令人鄙視。猶如：企立者，欲高於他人，然而站立不穩；跨行者，欲超過他人，然而步履艱辛；皆不能持久，最後真象畢露，只落得尷尬難堪。所以自逞己見，自以為是者，欲炫其高明，而竟落於一偏，不被人所重視。自表其功，自誇其能者，不但不能提高自己之名位，反而「有其善，喪厥善；矜其功，喪厥功」（尚書說命）。此類自誇自耀好出風頭之行為，在有道者視之，直等於餘食贅行，甚無謂也。諺云「良馬不吃回頭草、晨雞不鳴過時聲」，物猶如此，而況有道之人，端正自處，豈可與彼等同日而語哉！

二十五章

本章講：道體及其功用之偉大。道為天地萬物之母，道不遠人，自然而已。明道行道，在乎人為，故孔子曰「人能弘道」（衛靈公篇），然非人人皆能弘道。聖人「可以贊天地之化育」（中庸），聖人為最能弘道者。為人羣之表率，化民濟世，非聖人不可，惟聖人宜在王位，莊子云「莫神於天，莫富於地，莫大於帝王，故曰：帝王之德配天地」（天道篇）。本章以帝王與天地並稱，以示人當師聖人，法天道；又須知帝王之職，非聖人不能當，因聖人始能率人法天行道也。

有物混成，先天地生。寂兮寥兮，獨立而不改，周行而不殆，可以為天下母。

有物：見廿一章。　混成：混通渾，萬道同源，渾然一理，無迹可分，故曰「混成」。先天地生：天地為萬物之總體，萬物由道而生，故曰「先天地生」，與第四章「象帝之先」同意。寂寥：寂，無聲；寥，遠也；無聲無形，故曰「寂寥」。獨立：廓然無偶，莫與之競，故曰「獨立」。　周行：無時不有，無所不在，故曰「周行」。　殆：危也，又通怠。

有一物焉，廣大無涯，包羅萬有，渾然而不知其端倪，「未有天地，自古以固存」（莊子大宗師），人類不能知其來歷。此物也，聽之無聲，視之無形，然而神妙之至，超然於萬物之上，而不生不滅，獨立長存，永遠不改變，通行天地，周流古今，不增不減，無往而不自在。宇宙間一切事物，皆由之而化育生成，故可稱為天地萬物之母。

吾不知其名，字之曰道，強名之曰大。大曰逝，逝曰遠，遠曰反。

大曰逝，逝曰遠，遠曰反：此三句為申明「周行而不殆」之意。三曰字皆作則字解，如詩小雅角弓「雨雪瀌瀌，見晛曰消」，是其例也。

「道隱無名」(四十一章)，所以吾不知其名，不得已而予之以名字，曰「道」，言其為天地萬物始終之過程，必循之路，而不能違離者也。又以其充斥八極，包容萬有，無所不在，無時不有，故再勉強而名之曰大。　此大非有形可比大小之大，而乃渾然無際，至大無外之大，以其不為時空所限制，周流無滯，無處不達，故曰逝。其逝也，自往古以至無窮之將來，自眼前以至無涯之世界，可謂遠矣。所謂遠，並非離此而就彼，一往而不返；而乃自近而遠，由遠而近，遠在天涯，近在目前，遠近如一，日月輪轉，冬去春來，彷彿逝而遠，遠而返，愈以見其獨立而不改，周行而不殆之德能。

故道大，天大，地大，王亦大。域中有四大，而王居其一焉。人法地，地法天，天法道，道法自然。

王：荀子云「天下歸之，謂之王」(王霸篇)。說文「王，天下所歸往也」，王即人羣之首長也。

「王亦大」、「而王居其一焉」、「人法地」，此從河上公及王弼之本。范應元曰：「「人」字，傅奕同古本，河上公本作「王」」，觀河上公之意，以為王者人中之尊，固有尊君之意，然按後文「人法地」，則古本文義相貫。況人為萬物之靈，與天地並列而為三才，身任斯道，則人實亦大矣」。——因此，各家之本，有將前兩「王」字改作「人」字、以求與「人法地」一致者；亦有保持前兩「王」字，而將「人法地」改作「王法地」，以求與上兩「王」字一致者。其實改與不改皆可；帝王掌握國家之治亂，關係人羣之禍福，故老子講話每以帝王為對象，列帝王為四大之一，猶之中庸謂聖人「可以與天地參矣」，提高其身分，正所以加重其責任；在人類之立場以為人與天地並列而為三，名曰三才，王亦人也，王為人羣之代表，領導人羣，實行大道，故云「王法地」、或「人法地」，皆無不可。

天地萬物由道而生，故道為最大，在人類之心目中，天地人為三才，順序言之，道以下，便是天為大、地為大、人羣之代表「王」亦為大；宇宙內有四大，王為四大之一。此四大顯然有等差，表面觀之，似乎有隸屬之系統；人類生存於地上，王為人羣之表率，領導羣眾、和諧相處，共存共榮，如大地之「安貞」（易、坤卦），以及「水善利萬物而不爭」，「江海所以能為百谷王者，以其善下之」（八章、六十六章）等語，皆為法地之喻，故曰「人法地」。地為天所覆幬，仰承天意，化育眾生，故曰「地法天」。道本無形，天之玄虛類乎道體，天為道所涵容，故曰「天法道」。道之功能為自然，道為絕對而至大者，本身而外，更無所法，不得已而言之，只可謂其自身效法自身，以自然為主而已。——自「人法地」以下數語，不可執着解釋，道為萬有之總則，無所不在，所謂「人法地」，並非謂人不法天，地既法天，當然人亦法天；天既法道，當然人法天亦即法道，法道亦即法道之自然之理；總之天地萬物皆不外乎自然之理而已。

二十六章

本章借以重御輕、以靜制動兩種理則，以明立身治事之道。就對己而言，身性為重，物欲為輕；就對事而言，以義為重，以利為輕。治事之要，必須沉靜慎重，審其本末始終，依理而行，不可輕率從事，以免失敗。尤其一國之君，更當深明此義，方能負其大責。河上本、此章標題曰「重德」，謂國君當重公德而輕私欲也。若不知何輕何重、只重私欲以造亂端，則國亡身死；第七章云「以其不自生，故能長生」，君德也。

重為輕根，靜為躁君。是以聖人終日行、不離輜重。雖有榮觀，燕處超然。

躁：動也。又、舉動急疾也。俗謂人之性格不沉者曰浮躁、或暴躁。

輜重：軍隊之器械、糧秣等，概稱輜重。古時國君出行，必有軍旅隨從，輜車上有幃幕作蔽，其中載軍用品，以其累重，故曰輜重。

榮觀：指宮闕園囿之美觀而言。　燕處：燕、安也。燕處、安居也。

超然：不為外物所牽絆，悠然自得之貌。

諺云：凡事「要識大體」，對一切事，要從大處着眼，秉要執本，「先立乎其大者，則其小者不能奪也」（孟子告子篇），不可為細枝末節、逞私心之意見，輕舉妄動，以致因小失大。在事理方面，重為輕之根本，重可御輕，大可鎮小，重大問題既得解決，輕微問題自可迎刃而解。在人之動作方面，靜為躁之主宰，靜可制動，能沉着鎮靜，始能順事應變，衝破困難，若急遽輕躁，心慌意亂，定必敗事。所以聖人之行動，必然持重守靜，從容不迫，處事慎重，猶如行軍一般，終日不離輜重，有備無患，故能處變如常。其平日燕居，雖有宮闕園囿之美觀，亦安而處之，超然自在，不忘自心之所重，不受外物之牽累。

奈何以萬乘之主，而以身輕天下？輕則失根，躁則失君。

奈何：如何也。　萬乘：古之戰車，一車四馬，車一輛曰一乘。有萬輛戰車者為大國。

失根：河上本作「失臣」，王弼本作「失本」。按本章末二句與首二句相應，而且根與君為叶韻，永樂大典及其他古本多作「失根」，當從之。

為何以萬乘之君，受萬眾之擁戴，而以個人之權利為重，以天下之大事為輕，私心用事，獨斷獨行，魯莽妄為，輕率失敗，以禍天下之蒼生，且喪本身之帝位；豈非不識大體，不辨輕重？等於「養其一指，而失其肩背」也（孟子告子篇）。

凡事不明本末輕重，不能捉住重心，根本問題不能解決，故心愈勞而事愈亂。凡事不能平心靜氣，不能穩當措施，則主動之力渙散，故愈急躁而動作愈乖戾，必然僨事；故曰「輕則失根，躁則失君」。——根者、根本也、君者、主體也；天下一切事，凡顛倒輕重，舍本逐末，必至失敗，故道家主張秉要執本。

二十七章

本章謂：明道之人，凡事於理中求解決，因事制宜，不用私智；隨緣行事，利用自然之妙道，以達成己成物之功。

善行無轍迹，善言無瑕謫，善計不用籌策，善閉無關楗而不可開，善結無繩約而不可解。是以聖人常善救人，故無棄人；常善救物，故無棄物；是謂襲明。

轍迹：車輪所碾之痕迹。此處指人處事之行迹而言。

瑕讁：瑕為玉病，玉之有病以比人之有過，故瑕作過錯解，例如詩、豳風「德音不瑕」。讁通謫，有過被人指責也，例如詩、邶風「室人交徧讁我」。此處作過失解。

善計：王弼本作「善數」。計算與算數同意。　籌策：古時計數之器，故或作「籌算」。此處指為求自利、計較得失而言。

關楗：拒門所用之物，橫者曰關，俗謂之門閂，豎者曰楗。此處指壟斷權利、巧設機關而言。

繩約：約亦繩也，繩可以束物，以繩束物，使不分散，故約束合為一詞，此處指以法令固結民心，使之不敢悖離，如莊子駢拇篇云「待鉤繩規矩而正者是削其性者也；待繩約膠漆而固者，是侵其德者也」。

襲明：襲、因也，襲明言因物以明理也。因其本然之理，而發明其道，憨山謂：猶如「莊子庖丁解牛，因其固然，動刀甚微，劃然已解」。王道謂「襲、掩藏也，襲明，言藏其明而不露也」。意謂不露其智，故無轍迹，魏源亦同此說。

人若不能明道，雖能擇善而從，然往往拘守成規，執着而不能變通，故言行不自然，顯露痕迹，似乎故意有所表現。例如不爭名利，不求祿位，清高固為美德，然而如段干木踰垣而避魏文侯，泄柳閉門而拒魯繆公，（孟子滕文公篇）。是皆過甚，令人聞而愕異，是行之有轍迹者也。

深明大道之人，言行自然，從容中道，「端正而不知以為義，相愛而不知以為仁，實而不知以為忠，當而不知以為信，是故行而無迹，事而無傳」（莊子天地）。善言者，順人情自然之理，不作奇辯詭辭，「無用之言」（莊子駢拇），故「言滿天下無口過」（孝經）。

一般人計算多寡得失，如今之諺語所謂「善打算盤」、「合得來，合不來」，分毫必爭。明道之人，不作分外之想，而無失計之圖，深知積善者有餘慶，多藏者必厚亡，故知足常樂，不須如商賈之操籌算而計贏縮。

聖人以天下為一家，無為而治，故不須巧設機關以作防衛，「盜竊亂賊不作，外戶不閉」（禮運），何用關楗？。聖人以德化民，故「有虞氏未施信於民，而民信之；夏后氏未施敬於民，而民敬之。殷人作誓，而民始叛；周人作會，而民始疑。苟無禮義忠信誠慤之心以蒞之，雖固結之，民其不解乎」？（禮記檀弓），故曰：「善結無繩約而不可解」。

聖人志在濟世，「處無為之事，行不言之教」，仁民愛物，廓然大公，無所簡擇，因人之性以施教，順物之理以奏功，賢愚優劣，各遂其宜。苗民混夷，亦可以化；牛溲馬勃，皆得其用，故無棄人，亦無棄物。蓋因物以明理，因理以治事，此之謂襲明。

故善人者，不善人之師；不善人者，善人之資。不貴其師，不愛其資，雖智大迷。是謂要妙。

善人：指首段善行善言之人而言。河上注「人之行善者」。

資：藉也。河上注「資，用也」。　要妙：要道不煩，妙用至當。

萬物各盡其性，識得其宜，便為善。膏粱之甘，可以養生；烏頭有毒，可以療病；善惡分立，相反相成，各盡其用，而不廢棄。善人之道德學問，不善人固當奉為師法；而不善人受善人之化導，愈以助成善人之美，善人當視不善人為發揮善德之資。假若不貴其師，不肯從善，見善人反而嫉忌之；不愛其資，不肯作善，見不善之人反而鄙棄之；此種人自以為智，而實際為執迷不悟者也。——總上所述，因物以明理，依理以治事，循其自然，事理無礙，則一切問題可以和諧解決，故聖人無棄人，亦無棄物。若妄作聰明，對人處事，固執己見，強有所為，則善與不善敵壘相峙，終必決裂，無法挽救；此平易切實之理，乃高明濬哲之道，在乎人善自體悟，方能明其要妙。

二十八章

本章講處世哲學。眾人爭雄、爭榮，如羣蟻之逐臭，如飛蛾之投火，至死不悟。黃帝云「人皆趨彼，己獨守此」。哲人立身於不爭之地，避免與人衝突。順乎常道，如嬰兒之純真自然，與世無爭，人我兩利。此種處世之態度，足為眾人之楷式；聖人無為而治之態度，亦類乎此。——王道云「此章變文叶韵，反覆吟詠，亦與詩體相類」。按谿與谷，常德與無極、樸，白黑與榮辱，語意重複，皆相通也。

知其雄，守其雌，為天下谿；為天下谿，常德不離，復歸於嬰兒。

谿：與谷通，處下之地，眾流所歸之處也。常德：真常之德，即道也。

嬰兒：王道云「嬰兒、言其知也，無極、言其虛也，樸、木之未鑿者，言其質也，皆指常德言」。

雄者剛強，雌者柔弱，一般人皆知剛強之用，而不知柔弱之用。有時固然適用剛強，但有時剛則折矣，「強梁者不得其死」，此時柔能克剛，弱能勝強（四十二章、七十八章）。聖人不但知雄之用，亦知雌之用，故守其雌，「不為福先，不為禍始，感而後應，迫而後動，不得已而後起」（莊子刻意），以靜制動，從容克敵；如此謙德，當為眾心之所歸，如流水之赴谿谷。能虛心容物，能實踐真常自然之道，如嬰兒之天真本性，不受俗情之汙染，誠實無妄，「去智與故，循天之理」（刻意），永無愆尤。

知其白，守其黑，為天下式；為天下式，常德不忒，復歸於無極。

白黑：憨山云「白、謂昭然明白，智無不知之意。黑、昏悶無知之貌」。式：法則也。

忒：變也，差也。　無極：指道體而言，無形無狀，而有至極之理，故曰無極。

衆人偏狹之見，浮淺之知，自以為明白通達，強不知以為知，故荒謬之事因之而起。聖人明並日月，智周萬物，而甘守沉默，不炫其智，所謂「衆人昭昭，我獨昏昏」（廿章），雖闇然而不顯，乃內隱其慧光，此即齊物論所謂「葆光」，此足為天下人作法則。但聖人為天下人作法則，不僅「葆光」一則而已也，真常之德，有一貫之理，聖人守之以為準繩，故「行而世為天下法，言而世為天下則」（中庸），總之「其儀不忒」（詩、曹風），盡合於道。

知其榮，守其辱，為天下谷；為天下谷，常德乃足，復歸於樸。

明知世人如何取得富貴榮名，但聖人卻不與人爭，而甘居卑下，淡泊為懷，不羨紛華，「人皆取先，己獨取後」（莊子天下），雖虛懷若谷，能容忍一切，而不受外物之壅蔽，視俗人之奪權爭名，等於兒戲；如此「無欲以靜」，虛心觀物，非「常德」充足不能也；常德充足，則躋於大道之境矣。

樸散則為器，聖人用之，則為官長。故大制不割。

樸：未經雕斲之木，以喻渾淪完美之道體，由體而發為純實自然之功能。

官長：眾官之長、國君也。又、蘇轍云「譬如人居分政以立官長」，謂：因事實之自然設官分職，並非割裂，仍為一體之事也。

大制：制、法也，大制、謂具體而完美之法制也。又、制、適製裂，譬如大匠、因材製器，各得其當。相反者、拙匠不能量材為用，故亂事分割，毀壞器材。

以道體此為完美之樸，體必發揮其用；樸之用，為分別製裂而為器，器雖不同，而其為便利人類日常生活之用則一。道所發之功用，為真實自然之妙用，使事事物物咸得其宜；聖人以之為治世之用，雖設官分職，各有專責，而總能以本御末，以統大體，理大事，完成無為而治之功；決不舍本逐末，紛擾多事。所謂「大制不割」，即治國之大經大法，有完善之計劃，有統一之目標，國君當一本至公，領導所屬，同心同德以從事，若以聖智自居，私心用事，妄自獨裁，則問題日繁，政體破壞，政令紊亂，豈非弄巧成拙，自趨敗亡乎？

二十九章

本章講有為之害，以明無為之妙。凡事只憑私意強有所為，違悖自然之道，必得相反之果；而況天下之大，人羣之眾，事物之繁，變化無常，要想以權勢強力治之，如同處理自己之私事一般，此即所謂「大膽妄為」，是自取禍也。——四十八章云「取天下常以無事，及其有事，不足以取天下」。五十七章云「以無事取天下」，皆同義也。

將欲取天下而為之，吾見其不得已。天下神器，不可為也；為者敗之，執者失之。

取天下而為之：取，非奪取之意，王道云「取猶致也，謂以道致天下之歸向，非必謂取其位而居之也」。廣雅云「取，為也」。為與治之義相通，取天下常以無事，即無為而治之義。

神器：指天下而言。天下之大，乃至神之器，其感應有自然之機，其變化有無方之妙，與人所造之定形之器不同，故曰神器。又左傳僖公廿二年「戎事不邇女器」，杜注「器，物也」。物，事也，治天下為神聖之事，故曰神器。

古人以居君位，治天下，責任重大，不能自專其勞，故退位讓賢。後人以居位尊榮，為富貴最高之享受，故爭權奪位。不能正己，安能治人？人必自身健全，而後始能助人；先能修己，而後始能安人，此儒道兩家所常言者。故曰「道之真，以治其身，其餘緒以為國家，其土苴以治天下。由此觀之，帝王之功，聖人之餘事也」（莊子讓王篇）。

聖人並不推委責任，因一般人皆歆羨帝王之位，聖人不與人爭，故願獨善其身，清靜自娛，人取我與，人棄我取，聖人如不得已而躋居位，則必實行其崇高之理想：無為而治，故莊子云「君子不得已而臨蒞天下，莫若無為；無為也，而後安其性命之情」（在宥篇）。嚴復對莊子此言，有評語云「法蘭西革命之先，自然黨人挈士尼（號歐洲孔子），及顧爾耐輩學說，正復如是，不獨盧梭之彈殘法制，還復本初，以遂其自由平等之性者，與漆園合也」。四十九章云「聖人無常心，以百姓心為心」，百姓皆願自由自在，各安其生，各樂其業，無為而治，即依百姓之心，導之入於自然適性之安寧生活中，此即所謂安其性命之情。若真依盧梭等所講之人權平等，實現民主政治，則行政之領袖與官員皆為人民所選任，當然以民意為主，而不能私心有所作為，豈非與道家之無為政治相同乎？

治天下為大事，其事艱鉅而繁雜，若依私意而強加造作，為保持個人之帝位，為表現個人之智能，以權勢法令控制人心，強眾人以從己，視人民為奴隸，不以天下為神器，而以自己為神聖，乃巧設法網以牢籠社會，堅持政柄以鞭笞天下，一時自以為得意，而豈知自身已成為公敵，七十二章云「民不畏威，則大威至矣」，於是一夫作難，而萬眾響應，結果如何？不言而喻，故曰「為者敗之，執者失之」！

故物，或行或隨，或呴或吹，或強或羸，或載或隳。是以聖人去甚、去奢、去泰。

呴：與歔通，張口向物呵氣而使之煖。　吹：與呴相反，吹散煖氣而使之冷也。　羸：弱也。　載：成也。　隳：毀壞也。段玉裁云：隳為墮之俗字。又，乘車曰載，落車曰墮，故河上注云「載，安也，隳，危也」。

甚：過也，極也。奢：大也，過也，如言願望太過曰奢望。泰：大之極曰泰，泰亦甚也，如孟子滕文公篇「不亦泰乎」？甚、奢、泰，三字之義相通，皆為過分之意。

宇宙自然之現象，啟示自然之理：白晝現在眼前，黃昏隨之而至；

薰風拂拂獻煖，金風颯颯送涼；青年轉為強壯，壯年轉為衰老；乘車本為便利，亦能顛覆致禍。天下事理相對，變化多端，若固執己見，強有所為，必有相反之對敵出現：故爾若獨行於前，彼則隨後伺隙；爾若呴之使煖，彼則吹之使涼；爾欲強之，彼則弱之；爾欲成之，彼則毀之；總之不能任爾之意為所欲為，為者敗之，執者失之。　聖人明自然之理，處無為之事，是以去甚、去奢、去泰，孟子云「仲尼不為已甚者」（離婁篇），蓋凡事「過猶不及」，是以聖人有「允執厥中」之訓也（尚書大禹謨）。

三十章

本章講以武力逞強之害。太公有兵書傳世，張子房以黃、老兵法佐沛公平天下。道家善講用兵之道，然反對侵略戰爭，七十六章云「兵強則不勝」，謂恃兵力之強而殺伐結怨，必歸失敗也。用兵之目的，在保國安民，殺敵致果，故曰「善者果而已」。——本章可與卅一章、五十七章、六十八章、六十九章參閱。

以道佐人主者，不以兵強天下；其事好還。師之所處，荊棘生焉。大軍之後，必有凶年。

以道佐人主者：景龍碑作「以道作人主者」，謂有道之君也。今河上及王弼本皆作「以道佐人主者」，乃指臣以道輔君而言。兩說皆可。　好還：天道變化，無往不復，好還謂循環報復也。　凶年：荒亂饑饉之年。

兵，凶事也，聖人伐暴戡亂，不得已而始用之，決不恃兵力以逞強於天下。蓋用武力以服人，人便視為寇讎，苟有機會，必起而報復，昔之楚靈王、齊湣王、近之拿破崙、希特拉，皆窮兵黷武，逞強於一時，而皆不得其死。孟子云「殺人之父，人亦殺其父；殺人之兄，人亦殺其兄」（盡心篇）；耶穌亦云「凡動刀的必死於刀下」（馬太福音廿六章）；天道好還，乃自然之理也。試看兵燹戰亂之處，人民流離，田園荒蕪，廬舍為墟，誠所謂「千村萬落生荊杞」（杜甫兵車行），哀鴻遍野，生靈塗炭；所以每當大兵之後，必有凶年。戰爭為最慘之事，故不可恃兵逞強也。

善者果而已，不敢以取強。果而勿矜，果而勿伐，果而勿驕，果而不得已，果而勿強。物壯則老，是謂不道，不道早已。

善者：謂善用兵者。　果：王弼注「果猶濟也」，謂善用兵者，用以濟難而已；即果敢克敵之意，故左傳云「殺敵致果」（宣公二年）。又、效果也，言善用兵者只求能得勝敵之效果而已，不以兵力逞強也，故王弼本作「善有果而已」。

然而主持天下公理，必有武力作後盾；外患內亂，非兵力不能平息；故明君雖不肯輕易用兵，但未嘗不準備用兵，而且善於用兵；如事實所迫，必須用兵，亦只是運籌設策，達到克勝敵人而已，故漢文帝、匈奴三入而三拒之；諸葛亮、七擒孟獲而七縱之；只是懲戒敵人侵犯之心，贏得軍事效果而已，決不嚴行殺戮以耀威，不肯逞意氣以取強也。

雖然得到克制敵人之效果，然而不矜能，不誇功，不恃強而驕，使天下皆知我乃不得已而用兵，並非藉武力以逞強。蓋深知天下以相安無事為幸福，逞強必不能長久，「堅則毀矣，銳則折矣」（莊子天下篇、引老子語），明道者、守柔而能強，若以兵強天下，知剛而不知柔，所謂「物壯則老」，只知強壯可恃，不知衰老將至，此之謂不明道，如此則由壯而老，愈趨愈下，迅速衰歟，此必然之事也。——嚴復云「秦有白起，楚有項羽，歐洲有亞力山大、有韓伯尼、有拿破崙，最精於用兵者也，然有不得已者乎？」曰「好還」、曰「早已」，老子之言，固不信耶！」

三十一章

本章承上章謂：兵乃不得已而始用之，用之雖致勝，而屍骨縱橫，血肉狼藉，亦仁人所不忍，故勝而心中悲傷，舉行喪禮以哀悼之。——嚴復云「此章精旨，在今戰時公法中，西人之所實行者，非迂談無實用之言也。此章與孟德斯鳩法意論攻兵一篇，其旨正同」。

本章辭句錯亂，前人多謂：係注疏與經文相混。晁說之云「王弼老子注謂：兵者不祥之器以下至末，皆非老子本文」。魏源云「王弼此章句已闕，晁氏生宋初，故猶及見之，但文句相沿已久，今並仍其舊。王道云「自兵者不祥之器以下，似古義疏語，而傳習之久，混入經者也，詳其文義可見」。馬叙倫謂「自『吉事尚左』以下至末句，皆當刪去」
。羅晙謂：自『兵者不祥之器』至『以喪禮處之』，全係舊注」。

本章係經注相混，前人所見，大抵相同，已成定論。

夫佳兵者、不祥之器，物或惡之，故有道者不處。君子居則貴左，用兵則貴右。——兵者不祥之器，非君子之器，不得已而用之，恬淡為上。勝而不美，而美之者，是樂殺人；夫樂殺人者，則不可以得志於天下矣。吉事尚左，凶事尚右；偏將軍居左，上將軍居右；言以喪禮處之。殺人眾多，以悲哀泣之；戰勝以喪禮處之。

夫佳兵者不祥之器：河上注「祥，善也」。謂善於其事也，謂不務德而專以治兵為事也。王道云「佳當作甲，如論語加假之類，蓋聲相近而誤讀也」，此謂佳即鎧甲也。王念孫讀書雜志云「佳乃唯字之誤。因老子中夫唯二字相連為詞者甚多」。魏源云「漢人已有『佳兵不祥』之語，則作『佳兵』亦古本也」。故傅奕本作「美兵」，則是以「佳」為「嘉」之借文，與下文一意，嘉而美之，亦即好兵之意。　魏源本無「之器」二字。

器：物也，事也。

尚左尚右：古人以左為東，右為西。東方主生氣，西方主殺氣，故禮之儀式規定吉事尚左，凶事尚右，禮記檀弓：孔子有姊之喪，拱手而尚右。鄭注「喪尚右，右陰也；吉尚左，左陽也」。——按史記文帝紀「右賢左戚」，注「右猶高，左猶下也」。又、信陵君傳「公子結車騎，虛左，自迎侯生」，注「凡乘車，尊者居左」。可知古時除乘車外，亦有尚右之說。

偏將軍上將軍：左傳襄公卅年「且司馬令尹之偏」，偏者、佐也。漢初始有上將軍之官名（見史記呂后本紀），並有裨將之官名（見史記項羽本紀），裨、助也，與偏同意。春秋時雖無上將軍偏將軍之官名，然如本章文辭所述，就其所職而言之，不必為官名也。梁任公以上將軍偏將軍、春秋時無其官名，遂謂五千言係戰國時之作品；若依上將軍之官名為憑，則五千言亦非戰國時之作品，可謂漢朝之作品矣！蓋古書多有損壞之處並有後人竄入之文；故晁說之王道等之言是也，自「兵者不祥之器」以下至末句，非老子之本文，乃後人之注疏誤入正文中也。

恬淡：即「不敢以取強」之意，亦即去甚、去奢、去泰之意。　泣：或謂乃「蒞」字之訛。

戰爭互相殺伐，慘忍之至，所以說喜好興兵構怨，乃不祥之事。兵燹所及，廬舍為墟，雞犬不寧，物猶惡之，而況人乎？所以有道之君，不居心好兵。天道春生秋殺，君子平日閒居，以左方為貴，左為東方，屬春，取其有生氣，有太和之氣；用兵時，以右方為主，右為西方，屬秋，因其有殺氣，有悽愴之氣；此表示用兵為非常之事，與平時之心情不同。

兵凶戰危，兵乃不祥之器，君子不願以兵為強天下之工具。如不得已而用兵，亦平心靜氣，以恬淡為上，如六十八章所謂「善戰者不怒」，不作殘殺無辜之事；即戰勝，亦不自以為美，如果自以為美，豈非顯示樂於殺人乎？孟子云「不嗜殺人者能一之」（梁惠王篇），王者仁義之兵，始能統一天下，如樂於殺人，則人皆痛恨，必不能得志於天下。

「君子居則貴左，用兵則貴右」，按禮「吉事尚左，凶事尚右」，用兵為凶事，難保我方無傷亡，偏將軍負責較輕，故居戰車之左位；上將軍責任重大，故居戰車之右位；以示其為凶事之當事人，其意即以喪禮看待戰事。

蓋被敵所迫，不得已而用兵，心中充滿哀憤，是謂「哀兵」（六十九章），哀兵必勝，但君子仁慈，在戰時見殺人之多，於心不忍，亦必悲哀落淚；戰勝而還，悼傷陣亡士卒，亦以喪禮處之，總之，表示戰爭乃是不祥之事，並非可美之事。

三十二章

本章謂：大道樸實，不可忽視，人人皆當遵守，不可舍本逐末；須知人之所以為貴，即在乎能守道。侯王雖大，若不能守道，則人羣不服，便不能成其為大。所以治天下，更不敢違道，立法行政，俱當嚴格守道，方不至有失，方可造福人羣，使天下歸心。

道常無名，樸雖小，天下莫能臣。侯王若能守之，萬物將自賓。天地相合，以降甘露；民莫之令而自均。

樸：指道體而言，見廿八章。　小：道體至精無形，故可謂之小，但此小、非普通所謂大小之小，三十四章云「常無欲，可名於小；萬物歸然而不為主，可名為大」。道體難以形容，言乎其大，則「至大無外」，言乎其小，則「至小無內」（莊子天下篇），實不可以普通所謂大小作喻。勉強言之，此「小」字、即宇宙萬有最精微之真理，即莊子天地篇所謂「一之所起，有一而未形，物得以生，謂之德」，此德即萬物之母，萬物之母、誰能臣之。

賓：懷德而順服也。即魯東俗語所謂「賓服」。

道為永恒不變之真理，虛靈玄妙，不可以名，故常無名。其本體具備萬理，渾然如樸之未經雕斲，而萬事萬物俱出自道體，故稱之曰「無名之樸」（卅七章）。若夫樸散以為器，道之功用分別化出萬事萬物，各種事物雖可各有一名，而仍不能歸納之成一定義加之於道體，故仍然無名。 此無名之樸，精微而不可見，然其無形之中支配人之一切，卻無人能反過來而支配他；因其為「天下母」也（廿五章）。侯王若能遵而守之，順事之理、因物之性，以道術治天下，則廓然大公，上和下睦，譬猶天地、陰陽相合，因而溥降甘露，萬物俱被其澤；如此，則人民便不須以政令督飭，自然一切歸於均平，無利害爭鬥之患，而天下和平。

始制有名，名亦既有，夫亦將知止，知止所以不殆。——譬道之在天下，猶川谷之與江海。

始制有名：聖人散樸為器，因器制名。始制云者、如堯典所載「協和萬邦」之後，始注意文物制度之制定。名：指禮樂政刑等類之名而言。

以道化民，天下之秩序既已安定，必須釐定文物制度以維持之，於是「始制有名」，依據道以製成禮樂政教各種名物。名物既燦然俱備，但若循名而忘實，遂末而背本，則煩苛之法興，真道日喪，「法令滋彰，盜賊多有」（五十六章），不但不能維持治安，反而為天下之害，則大局危矣。須知各種名物、依道制出，始終當以道為本，不可越過道之規律，此即所謂知止；對一切事各順其道以措施之，而知其所當止，始不至有背道而馳之危險。——道與天下之關係，猶如江海之與川谷；江海為川谷之所歸，道為萬物之所歸，人不能離道，侯王治天下，當然更不能離道。

三十三章

本章所講修身處世之道：重在自知、自勝、知足、及志於道。廿八章主張守雌、守黑，易言之即守柔、守愚；而此章則貴明、貴強，何也？蓋外若愚而內實明，外若柔而內實強；吳澄云「其昧其弱，治外之藥；其明其強，守內之方；其實一也」。能立志於道，自強不息，則道天人一貫之理，視生死為自然，隨大化而容與，所謂「死而不亡」者也。

知人者智，自知者明。勝人者有力，自勝者強。知足者富。強行者有志。不失其所者久。死而不亡者壽。

智、明、力、強：李嘉謀云「知在外為智，在內為明。勝在外為力，在內為強」。其實智慧、明智、聰明，皆同義，無須強分。力與強亦然，俗云「強有力」，有力、故強；強、亦即有力之表現；此處亦無須強分。古音明與強叶韻，此為韻語，智與明，力與強，因措詞避免文字重複，非字義有異也。

不失其所：所、處所也，指「道」而言，猶如孟子所云「仁、人之安宅也」（離婁篇），即所當止之處也，故邵若愚本「所」字下有「止」字。

死而不亡者壽：明道之人，其道不變於生，不亡於死，超然於死生之外，生而不忻，死無所懼，「以死生為一條」（莊子德充符、引老子語），「知死生存亡之一體」（大宗師），故曰「死而不亡」。

處世行事，必須有知人之明，凝神向外用力，對他人之善惡長短，能審辨清楚，作適當之對待，此非易事，故可稱為智。但知人、未必能自知，人每為私欲所蔽，自見不明，喪德失行而不自覺；若能向內用力，自反自省，將自己之是非優劣，嚴加判別，徹底徹悟，則可謂有自知之明矣。

以勇力勝人，以智力勝人，皆為有力，但此亦為向外用力，能勝人、未必能自勝；好善而不能為，知過而不能改，此乃自甘頹唐之弱者；惟能振奮自己，戰勝私欲，使本身健全，向光明大道邁進，方可稱為強者。

能自知自強，可謂明道者矣。明道之人，必能知足，視富貴如浮雲，物欲不能擾其神，知道無窮，契合於心，「萬物皆備於我矣」，雖簞食瓢飲，樂莫大焉；故曰「知足者富」。能自勝之人，終日乾乾，力求自強，矢志於道，黽勉不怠，故曰「強行者有志」。

水為魚之所，林為鳥之所，得其所則生，失其所則亡；道乃人之生命之所託，道即人之處所，人能不離乎道，便為不失其所，便可永安而無殆。孔子云「朝聞道，夕死可矣」（論語里仁篇），明道之人，知生死乃自然之變化，視「死生如晝夜」（莊子田子方），以「天地與我並生，而萬物與我為一」（齊物論），「游乎天地之一氣」（大宗師），「已化而生，又化而死」（知北遊），「死生無變於己」（齊物論），無往而非我，無入而不自得，故曰「死而不亡者壽」。

三十四章

本章言：道體之博大，如水之廣氾，無所不在；其功用如水之普及，無所不至；萬物俱蒙其惠，故其偉大包羅宇宙。——賈子新書修政語云『黃帝曰「道若川谷之水，其出無已，其行無止，故服人而不為仇，分人而不譐(私議)者，惟其道矣」。故黃帝職道義，經天地，紀人倫，序萬物，以信與仁為天下先。……天下太平，唯躬道而已』。黃帝以水喻道，本章及第八章、皆以水喻道。本章所言道體無為之功德，可與第二章參閱。

大道氾兮，其可左右。萬物恃之以生而不辭，功成不名有，衣養萬物而不為主。常無欲，可名於小；萬物歸焉而不為主，可名為大。——是以聖人終不為大，故能成其大。

王弼本無「是以」二字，「終不」下有「自」字。

氾兮：水廣濶浮泛之貌。王弼注「言道氾濫，無所不適」。

不辭：見第二章。

不名有：不自名為有功，即第二章「功成而不居」之意。

不為主：即第十章「長而不宰」之意。

衣養：衣以護體，食以養身，衣養即護養之意。河上本作「愛養」，傅弈本作「衣被」，此從王弼本。

大道如水之泛濫，周流六虛，無所不至，萬物俱被其澤。人若存心學道，則左右逢源，取之不盡；如能以道用事，則左右皆可，無往不宜。

萬物依道而生，而道不推辭；萬物由道而成，而道不自以為有功；萬物俱受道之保護養育，而道不自居為主。

「道隱無名」（四十一章），無私無為；由此觀之，可名為小。道雖不自居為萬物之主，而萬物莫能離之，莫不歸之，由此觀之，可名為大。

聖人體悟大道，與道同德，「語大、天下莫能載焉；語小、天下莫能破焉」（中庸），雖然德可配天地，而終不自以為大，此所以能成其偉大也。

三十五章

本章謂：有道之人，始能造福人羣，使眾心嚮往，如孔子所謂「為政以德，譬如北辰，居其所，而眾星拱之」（論語為政篇）。凡天下「有所為」之事，大都如漁者之鉤餌，偏於私利。惟「道」不含誘惑性，雖恬淡平易，而卻絕對利人，使人享用不盡。

執大象，天下往。往而不害，安平泰。樂與餌，過客止。道之出口，淡乎其無味。視之不足見，聽之不足聞，用之不足既。

大象：十四章形容道體為「無象之象」，四十一章云「大象無形」，大象即指道體而言。

天下往：言天下人皆往歸有道之人也；說文云「王，天下所歸往也」。王道謂「執大象而天下往，即抱一為天下式也」；謂聖人所往之處，純以德化，不「有為」以害天下也。魏源謂：聖人執大象，「隨其所往，安於平泰而不害（無傾危之患）」。

安平泰：河上本泰作「太」，泰太古通用。平泰即太平，故河上注云：「萬物歸往而不傷害，則國安家寧，而致太平矣」。蓋泰字與下句「害」字叶韻，故作平泰。王引之經傳釋詞謂「安，猶於是也，乃、則也。謂往而不害，乃得平泰也」。嚴復將安、平、泰、分別解釋謂「安、自由，平，平等也，太、合羣也」。——其實安、平、泰三字同義，猶如廿九章之甚、奢、泰，不必強加剖析。

樂與餌：音樂、美食。　不足：不可。　既：盡也。

聖人持大道以治天下，天下人皆往而歸之；何也？蓋以「仁者愛人」（孟子離婁），歸依有道之仁人，必然有益而無害，必然能得平安康樂之福。

凡以目前淺顯之利以取悅於人者，必含引誘之意，實乃別有所為；猶之旅館酒店，設備美妙之音樂，陳列甘旨之珍味，只是引導來往之過客下馬停車，作暫時之流連而已。

「道也者，不可須臾離也」（中庸），道之妙處，難以形容，若出之乎口，發而為言，則淡乎其無味，不若美樂香餌之令人可欲。若要視之，既無五色可以悅目；若要聽之，又無五音可以怡耳；然而其妙用無窮，聖人能「執古之道，以御今之有」（十四章），故天下人往歸之；道乃萬理之總名，超越時空，其功用無限也。

三十六章

本章所講：因事物相反之作用，以闡發應機處事之術。此術由察微而明變，如醫藥之巧於對症，事半功倍。「以奇用兵」，以計克敵，皆賴此術。諺云「害人之心不可有，防人之心不可無」，擒兇制暴，除惡破姦，當不擇手段以達目的；宋襄之仁，不可取也。此乃權宜之術，非經常之法；如悟得此中之要妙，猶如寶劍利器一般，不可輕易顯露，須保藏機密，免被姦邪窺竊而失神效。

二程全書卷十九：程子曰「予奪翕張，理所有也，而老子言，非也。予之之意乃在乎取之，張之之意乃在乎翕之；權詐之術也」。朱子語類卷一百卅五，亦有此言，謂「程子曰：老子之言竊弄闔闢」。於是世人遂執程朱之言，謂老子為陰謀家，其實老學之宗旨為崇尚「無為」，教人效法上德，擯斥智巧，對仁義猶嫌不足，豈肯倡導權術？然而天下既有此理，又何可諱言？奸慝每慣用此術，又豈可不知？世人處事只注意正面，而忽畧反面；反面在暗中發動阻礙，不察其幾微，每由此而惡化，以至失敗。司馬懿外多寬而內多忌，李林甫口如蜜而腹如劍；小人陰險詭詐之技，君子不可不知，能燭其奸計，始能防其禍端。制服小人，正宜用「以子之矛，攻子之盾」之法；此本章之旨也。此正所以揭破陰謀家之術也。

五千言以道德為本，每以反常之事理以儆悟眾人，六十五章云「玄德深矣、遠矣！與物反矣」！老子之言，多與世俗之見相反；以本章為權謀家之言與以第五章「聖人不仁」為法家之言者，同其誤會。太史公云「老子深遠矣」！（史記老子傳），老子真「博大之真人」也（莊子天下篇）。

將欲翕之，必固張之。將欲弱之，必固強之。將欲廢之，必固興之，將欲奪之，必固與之。是謂微明。

翕：合也，或作歙、噏、㒆，意皆相通。　張：開也。　固：借作姑字，姑且也，淮南人間訓「固試往復問之」，故韓非子說林上所引作「將欲取之，必姑予之」。

微明：微為事之幾微，事在暗中萌芽，尚未顯著，見幾於未形，防患於未然，非有精明見解者不能，故曰「微明」。微明亦即明微，言事微而難見，理微而難知，惟智者能明之也。

造化有消息盈虛、往窮必反之道；人事有吉凶得失、相為倚伏之理。月圓由缺而來，秋涼由暑而至。宇宙現象之變動，其起始甚微，其結果甚明，人如能深悟此道，則對於事物之處理，察其幾微之端倪，順其勢而為之，一切問題自可迎刃而解。例如：某種事物，欲收縮之，必先弛放之；欲削弱之，必先加強之；欲廢棄之，必先振興之；欲奪取之，必先讓與之。照自然之理，物極必反，能先察其已然，而預睹其將然，於是利用自然之道：固張之，固弱之，固興之，固與之，加重其相反之力量，則所求之目的，自可順手而達；無論物理事理，皆有微妙之機。此種作法，如自表面觀之，似為矛盾，為何欲翕之而反張之？事之先幾，在隱密中，非明智之人不能體察，故稱之曰「微明」。聖人有此明見，故能致治於未亂，保邦於未危。

柔勝剛，弱勝強。魚不可脫於淵；國之利器，不可以示人。

柔勝剛，弱勝強：河上及王弼本作「柔弱勝剛強」。傅奕本作「柔之勝剛，弱之勝強」。景龍碑及永樂大典作「柔勝剛，弱勝強」，茲從之。

利器：精良之工具也。漢書刑法志『孔子曰「工欲善其事，必先利其器」，文德者、帝王之利器』。凡國家主權、機要政策、軍事計畫等等，皆為國之利器。

莊子胠篋篇引「魚不可脫於淵」及下二句，注云「魚失淵，則為人擒；利器明，則為盜資；故不可示人」。

上述「微明」之原則，可以推及許多相似之理，例如：剛強與剛強相敵，誰勝誰負，皆無把握，甚至兩敗俱傷；我用相反之作法，以柔弱對剛強，如漢王之對項羽，避實而就虛，鬥智不鬥力，使對方有力無所用，使對方暴露鋒鋩，消磨勇氣，而漢王則虛與周旋，養精蓄銳而待其敝，以奇取勝，老子所云「堅則毀矣，銳則挫矣」（莊子天下篇），此柔弱所以能勝剛強也。

「道」能以靜制動，寓強於弱，人之處事，不可離乎道，猶魚之不可脫於淵，人離乎道則必失敗，魚脫於淵則必遇害。了悟「微明」之義，應當慎重守密，不可輕易揭出，猶如俗語所謂「天機不可洩漏」，蓋此種機要，聖人用之則為睿智，奸慝用之則為詐術，猶如國家之軍政機密，乃重要之利器，不可顯露，若被局外人所識，則易引窺竊、暗算，而反受其禍。

三十七章

本章述「無為而無不為」之旨。「道」無強有所為之動作，而萬物皆由之而生成，侯王若遵守此旨，便可成郅治之功。但社會如達到美善之境，並非一成不變；人生而有欲，由欲而動，要求無厭，則紛爭乃生，欲保持其美善，仍須以無為之道，隨時制宜，以鎮定之，使大眾不以利欲相擾，自然可歸於平安。本章可與卅二章參閱。

嚴復云「文明之進，民物熙熙，而文物聲名亦大盛，此欲作之宜防也，老子之意以為亦鎮之以樸而已，此旨與盧梭正同，而與他哲家作用稍思異」。又云「老子言作用，輒稱侯王，故知道德經是言治之書。然孟德斯鳩法意中，言民主，乃用道德；君主，則用禮；至於專制，乃用刑；中國未嘗有民主之制也，雖老子亦不能為未見其物之思想。於是道德之治，亦於君主中求之，不能得，乃游心於黃農以上，意以為太古有之。蓋太古君不甚尊，民不甚賤，事與民主本為近也；此所以下篇八十章，有小國寡民之說，夫甘食美服，安居樂俗，雞犬相聞，民老死不相往來，如是之世，正孟德斯鳩法意篇中所指為民主之真相也。世有善讀二書者，必將以我為知言矣。嗚呼！老子者，民主之治之所用也。」

道常無為而無不為。侯王若能守之，萬物將自化。化而欲作，吾將鎮之以無名之樸。無名之樸，夫亦將無欲。無欲以靜，天下將自定。河上及景龍本皆無「夫」字。此從王弼本。

化而欲作：作、動也。又禮記哀公問「作色而對」，注「作、變也」。化而欲作、即化而欲變。

鎮：定也，止也。　無名之樸：渾樸而不可名，指道體而言，見廿二章。

亦將無欲，無欲以靜：河上及各家之本，「無欲」多作「不欲」，河上注云「言侯王鎮以道德，民亦將不欲，故當以清靜導化之也」。又，呂惠卿注云：無為之君、對「無名之樸、亦將不欲也」，以及陸希聲、蘇轍等之注，皆同此意，謂聖人對此無名之樸，亦不欲存之於心。此等解釋，實為勉強，魏源曾有駁正。按五十七章云「我好靜，而民自正」，「我無欲，而民自樸」，與本章末三句之意同，「不欲」亦當作「無欲」解，不、無二字可互訓，如詩、王風、君子于役、「不日不月」，注云「行役之無日月」，論語學而「無友不如己者」，此無字，作不字解。王弼本作「夫亦將無欲，不欲以靜」，魏源本，此二句皆作「無欲」。

自定：傅弈與范應元皆作「自正」，河上與王弼本皆作「自定」，正亦定也。如周禮天官宰夫「歲終則令羣吏正歲會」，注「正猶定也」，故河上注云「天下將自正定也」。

「道」，經常虛靜自然，由其「體」而言，可謂「無為」矣；然而其自然力量，推動萬理，宇宙事物俱由之以生成，故就其「用」而言，則又「無不為」矣。侯王治天下，若能守道，不以私心有所作為，而能順乎自然之理，以「納民於軌物」，效法「道」無為而無不為之功德，則萬民亦將自然而然，順風向化，成為至治之世。

然而世情繁雜，事有演變，羣眾各隨其欲望而動作，安佚甚，而驕奢漸生；事故多，而風氣失淳；故侯王雖在治平之時，亦不敢安於無事，必須有以鎮之，始能弭患於無形。鎮之之道無他，察大眾欲情萌動之機，尋其自然之理，仍用無為之法則，鎮之以無名之樸而已。

此無名之樸，無為之作用，為化導社會，使民德歸於淳厚，促成盛治之功。聖人「功成而不居」，不居功，即無為之表現。不顯示其無為之德，亦不邀無不為之功；是以上行下效，人羣無縱欲妄動之事，各安其業而樂其生，故曰「無欲以靜，天下將自定」。

道德經釋義

下篇

三十八章

本章講述社會倫理境界之等差；深嘆大道既廢，上德喪失之後，仁義禮智以次見重，每況愈下，降至禮，已無可再降，再降則無禮而亂矣。及至唯恃才智以應世，則華而不實，甚至掩其不善而著其善，心勞日拙，欺人適所以自欺，豈非愚乎？

仁義禮智，皆屬於道德範圍，皆為道德中之一目，老子並非謂其不美也！莊子闡明老子之學，知北遊篇亦曾引述本章之意；莊子謂「愛人利物，謂之仁」（天地篇），又謂「遠（去道疏遠）而不可不居者，義也；親而不可不廣者，仁也，節而不可不積者禮也」（在宥篇）。又謂「德無不容，仁也；道無不理，義也；義明而物親，忠也；中純實而反乎情，樂也；信行容體而順乎文，禮也」

（繕性篇），可見莊子對仁義諸德之頌美。道家並非謂仁義為不美，惟以仁義禮智非道德之大全，仁義由道德分出，仁義以下若禮、若忠信、在世俗所行之範圍，尤為淺狹。人而不尊德、不樂道，以次減輕道德之要求，減而至於禮，已無可再減，再減而為無禮，則非「法家」之嚴刑不能維持社會秩序矣。老子以「道」包羅一切善行，猶之孔子以「仁」總括一切善行；孔子稱令尹子文為忠，稱陳文子為清，而不稱其為仁（論語公冶篇），忠與清雖皆為仁中之事，而非仁之大全，此與本章所講仁義與道之關係相似，，蓋道術渾一之中，全體大用無所不備，及至百家爭鳴，分裂道術，而有楊、墨、名、法、一偏之說，各執一端，曲辯是非，擾亂聽聞，誠如莊子所言「天下大亂，聖賢不明，道德不一」（天下篇），因而仁義變為假仁義，禮變而為虛文，樂變而為淫聲，故莊子慨然曰「鉗楊墨之口，攘棄仁義，而天下之德始玄同矣」（胠篋篇）；又曰「禮樂偏行，則天下亂矣」（繕性篇），亂世之風，古今相似，莊子之言，並非偏激，而為事實，道家豈真反對禮樂乎？

上德不德，是以有德；下德不失德，是以無德。上德

無為而無以為，下德為之而有以為。上仁為之而無以為，上義為之而有以為。上禮、為之而莫之應，則攘臂而扔之。

上德無為而無以為：韓非子解老及傅奕本「無以為」皆作「無不為」。其他各家之本，皆作「無以為」。無以為者，無所為而為也；雖與「無為」之意相重複，然與下文「有以為」之意相對，言上德之「無為」，亦非有所為而始為之也。此句之措詞，猶似佛家語所謂「不可得亦不可得」也。

下德為之而有以為：景龍碑「為之」作「無為」。陶鴻慶云「有以為」當作「有不為」，言下德有所不能為者也。

攘臂而扔之：攘臂即袒臂，捲起衣袖，露出膊臂，奮力之貌。扔、牽引也，言攘臂用力強拉人以就禮之範圍也。傅奕本作「仍」，仍、因也，因、就也，從也，言以力量從而迫之也。

上德之君，效法天道，「為而不恃，長而不宰」，佈德施化，出乎自然，「功成而不居」，雖不自以為有德，然而其福惠蒼生，功在國家，永世不朽，是有德。下德之君，孜孜矻矻，表著功能，自居有德，惟恐失德，固執名迹。有所顧忌，難免有所疏漏，與上德相比，可謂無德矣。

上德之君，無為而無不為，如天地之無不持載，無不覆幬，其無為之本意亦無所為；無所為而為，故無所偏為，而人民亦與之相忘於自然德化之中，此即十七章所謂「太上，下知有之」，或「不知有之」者也。下德之君，發政施惠，目的在能得民心，上下和睦，贏得歌頌，所謂使民「親之譽之」者也。

上仁之人，其樂善好施，惻隱慈愛之行為，乃出自同情心，無所為而為，並非私意有所希求。上義之人，見義勇為，是非曲直觀念嚴正，激於義憤，發出強矯果斷之行為，每有所過，故謂其「有所為而為」。

禮為道德中最低之要求，仁義之行為出乎人自動自發之本心，禮則有硬性之規定，人人必須遵守。禮者、理也，人對人無禮貌為不合理，凡一切事，皆必須合理，不合理為亂之因。上禮之人，態度嚴謹，對人處事，必求彼此皆合於禮，如對方無禮，喻之以理，亦莫之應，勢必用強力手段迫之，使之就禮之範。

故失道而後德，失德而後仁，失仁而後義，失義而後禮。夫禮者、忠信之薄而亂之首也。前識者、道之華，

而愚之始也。是以大丈夫處其厚，不居其薄；處其實，不居其華。故去彼取此。

前識：王弼注「前識者，前人而識也，即下德之倫也；竭其聰明以為前識，役其智力以營庶事，雖得其情，姦巧彌密；雖豐其譽，愈喪篤實；勞而事昏，務而治薉，雖竭聖智，而民愈害」。此言前識者為先人而知者，即憨山所謂「早知」。然試觀以上所引王注，自竭其聰明以下所云，實乃徒恃智力以用事者，即六十五章所云「以智治國」者也，豈能談及德？不但不能比於「下德之倫」，而且在下德以下，韓非子云「明主者，不恃其不我叛也，恃吾不可叛也；不恃其不我欺也，恃我不可欺也」（外儲左下）。法家所謂「明主」，即老子所謂「以智治國」者。本章所講，自道德仁義以至於禮，言「失義而後禮」，以禮已不可再失，故未言失禮而後智，則所謂「前識者」，即指「智」而言也。

道之華：光華外表之美。華乃古花字，木以根為本，以華為末。「智」非不可貴，所惡於智者，為其用之於巧詐也。「如智者若禹之行水也，則無惡於智矣」（孟子離婁）。「智」必須以道為本，始能成其美善之功。史書謂：帝堯「其仁如天，其智如神」，若只有如神之智，而無如天之仁，則不能成為神君。智而離乎道德，為智巧之智，是老子所反對者也。

以上所述道德之境界，包括帝王及庶人而言，惟庶人之境界如何？因其只有「獨善其身」之身分，不易顯著。「王言如絲，其出如綸」（禮記緇衣篇），帝王之一言一行，皆動眾人之耳目，足以影响天下，故老子之言，大都以帝王為對象。道為體而德為用，上德恰合於道，失道指下德而言。人類之德行，有以上所述之等級，世道之隆汙，亦如上述之層次。大道既廢，無為而治之風既杳，於是乃貴德化，德化失效，乃倡仁愛；仁愛不能，乃倡正義；正義不行，乃提出禮法；故曰「失道而後德，失德而後仁，失仁而後義，失義而後禮」。

一由德降而至於禮，離道愈遠，漸次由內而外，舍本逐末。道德仁義，由內心之誠而發，其實踐之力量便為忠信，禮，則只是防閑不合理之行為而已，禮之階層已無可再降矣，再降而下，則落為嚴法制裁矣，所以說禮之產生，乃因忠信澆薄之故，乃世道防亂之始。

再談到「前識」，前識即等於說：意識銳敏，有先見之明，此即所謂「智」，智力固可資助德業之發展，但其在道中，猶如樹木之花朵，而非實在之根本，如脫離道，而專用智以行事，則不足恃，甚至因而弄巧成拙，故可謂愚之始。所以大丈夫以忠信為主，不崇尚虛浮之禮文，以守道為本，不表炫才華，去薄居厚，去華崇實；與拘滯於禮及專好用智者不同。

三十九章

本章言：天地萬物由道而生，一本散為萬殊，萬殊各有其道，其道各有定理，精一無二，而不可離；宇宙一切又渾然一理相貫，各遵其道，故天地萬物一體，無貴賤高下之別，各遂其自然之美，此之謂得道。本章主要之旨，在提醒侯王必須得道，明白「貴以賤為本，高以下為基」之理，始能與人民平等，猶如六十六章云「欲上民必下之，欲先民必後之」，下之後之，即表示與人民平等，所謂：不自大「故能成其大」也（卅四章）。

昔之得一者：天得一以清，地得一以寧，神得一以靈，谷得

一以盈，萬物得一以生，侯王得一為天下正；其致之、一也。

一：一為道之別稱，道能統一萬有，故稱曰一，見第十章。

神得一以靈：易繫辭上云「陰陽不測之謂神」。陰陽為道體之功能，變化無窮，故曰不測。一切事物皆道所顯示，皆變化莫測。凡不可測之事理，即謂之神，雖不可測，而人亦不妨推想其理，假設其如何如何，人同此心，心同此理，眾人皆信仰此理，遂尊崇此理而實行之，確有效驗，此即成為真理，真理無人敢違，即為神；「神道設教」之義由此而來，憨山注謂「神、指人心而言」，天神地祇之想象，皆由此而生。心靈所奉出之神，合乎天道，是以有靈，若不合天理，則無靈矣，故曰「神得一以靈」。

為天下正：河上及景龍碑等本，皆作「為天下正」，王弼傅奕等本皆作「為天下貞」。新書道術篇云「言行抱一，謂之貞」。又禮記文王世子「萬國以貞」，注「貞、正也」；貞正古通用，正其不正，使歸於正，曰正。又官長曰正，左傳隱公六年「五正」，注「五正、五官之長」，故有里正、縣正等名稱。「為天下正」，即為天下之首長也。

其致之一也：河上及王弼本皆無「一也」二字，王注「各以其一，致此清、寧、靈、盈、生、貞」、古本似乎亦有「一也」二字。傅奕及范應元本，皆作「其致之一也」，於文較順，故後世多從之。

繫辭上云「一陰一陽之謂道」。陰陽相輔為用，通而為一，成為造化，四十二章云「萬物負陰而抱陽」，言萬物皆依道而生存也。道、無象無形，以空氣喻之，一切存在之物不能離道，猶如生物不能離空氣一般。廿五章稱道曰「大」，至大無外，獨一無二，故又稱曰一，得一即得道也。天地萬物之生成，皆依於道，道有一定之常律，自古以來，天清明，地安靜，神明有靈，川谷充盈，萬物之各遂其生，侯王之能正天下；其所以能如此者，皆各得其道之故也，故莊子云「通於一，而萬事畢」（天地篇）。

天無以清，將恐裂；地無以寧，將恐發；神無以靈，將恐歇；谷無以盈，將恐竭；萬物無以生，將恐滅；侯王無以正、而貴高，將恐蹶。

發：王念孫云「發與廢通，古書多互用」。按國語周語云「土氣震發」，故王道云「發、震動也」，蓋即地震土石崩發之意，與上句裂字之意相似。

歇：息也，盡也，消失也。

侯王無以正而貴高：此從憨山、魏源本。傅奕本「以」字下有「為」字。河上及王弼本皆作「侯王無以貴高」，易順鼎云『當作「侯王無以貞，將恐蹶」，「貞」誤為「貴」，後人見下文「貴以賤為本，高以下為基」二句，以為承上文而言，妄於貴下又加高字，遂致踵訛襲謬，而義理不可通矣』。

蹶：顛仆也。

無「道」便無宇宙萬物，故天不得一，便不能清，且恐將要破裂；地不得一，便不能寧，且恐將要震崩；神不得一，便無靈，且恐將要消亡；谷不得一，便不能盈，且恐將要涸竭；萬物不得一，便不能生，且恐將要滅絕；侯王不得一，不能治天下，而徒居高貴之位，其位不能保，恐將遭顛覆之禍；故莊子云「聖有所生，王有所成，皆原於一」（天下篇）。

故貴以賤為本，高以下為基。是以侯王自謂孤、寡、不穀；此其以賤為本也！非乎？故致數輿無輿，不欲琭琭如玉，落落如石。

孤、寡、不穀：皆侯王自謙之稱。論語里仁篇「德不孤」，侯王自稱孤家，言無德也。曲禮諸侯對人民「自稱曰寡人」，謂寡德之人也。穀，善也，不穀、不善，亦侯王自謙之稱，見左傳僖公四年。

致數輿無輿：輿、河上本及景龍碑作「車」，嚴遵與王弼本作「輿」，輿車同意。此句頗費解，河上注云「致、就也，言人就車數之，為輻為輪、為轂為衡，無有名為車者，故成為車，以喻侯王不以尊號自名，故能成其貴」。魏源謂「今夫輪輻蓋軫衡軛會而成車，人但知其為車，而不知其數者所會而成，初無所謂車也」。總之謂：車乃許多零件湊合而成，無零件則無車，猶之侯王乃無數羣眾擁護而出，無羣眾則無侯王，是「貴以賤為本，高以下為基」之義也。 又、吳澄本「輿」作「譽」，焦竑老子考異謂「輿、古本作譽，一作車」。按莊子至樂篇「至譽無譽」，下文言及「天無為而以之清，地無為而以之寧」，似乎依據本章之語意。因此近人羅振玉謂「而輿字原作譽字」。馬敘倫謂「數字是衍文」，是以有人將此句改為「故致譽無譽」。——茲仍保持現存各家古本之原文。

琭琭落落：琭琭為玉質可貴之形容詞，落落：王弼本作「珞珞」，為石質平凡之形容詞。河上注「琭琭喻少，落落喻多，玉少故見貴，石多故見賤，言不欲如玉為人所貴，如石為人所賤，當處其中也」。後漢書馮衍傳「夫人之德，不琭琭如玉，落落如石，風興雲蒸，一龍一蛇，與道翱翔，與時變化，夫豈專守一節哉」？此言不必強求富貴，亦不必固守貧賤，重在與時變化，因時制宜。——按老子「處眾人之所惡」（第八章），「人皆取先，己獨取後」（莊子天下篇），及本章貴以賤為本之義，則當為「不欲琭琭如玉，而欲落落如石」，然原文不可擅改也。

天、地、神、谷、萬物之得一，自有其所以得一之道，吾人不必加以干預，本章所以列而舉之者，意在表明天地萬物俱必須得一，始能成其為天地萬物，藉以提醒領導人羣之侯王。侯王得一之道若何？侯王須知自己之身分由何而來？苟無民眾，何有侯王？故侯王之尊貴，乃由人民擁戴而起，侯王之高位，係以人民為基礎，故侯王自稱孤、寡、不穀，以此種種劣名加於自身，豈非以賤為本乎？國家政府、君民團體，係由羣眾組織而成，猶如大輅鸞車，係由輪輻軸轅，種種零件組合而成，分而察之，各為一物，物物平等，安有車在？侯王之與人民亦猶是也，侯王亦人民之一耳，故不願顯示尊榮，炫其光彩，使人傾慕；然而身為一國之君，當然德行超乎常人，始能起領導作用，若庸庸碌碌，尸位素餐，被國人所鄙視，反不如索性下臺，歸於平民之列，免致咎戾，故曰「不欲琭琭如玉，落落如石」。

四十章

本章講：道之動與道之用。道體本靜，動而後發生作用，動靜相互為用。天下事理相對，反與正，弱與強，有與無，雖為相反之作用，而有相成之功能，不可固執一端。而一般人之眼光，多注重事之正面，例如「剛強」，即為眾人所傾向之正面，而忽略「柔弱勝剛強」之理（卅六章），對事物只重現有之實況，而忽略無形之變化，所以「為者敗之，執者失之」（廿九章），落得相反之結果。

反者、道之動；弱者、道之用。天下萬物生於有，有生於無。

反：反有三義：一、與「正」相對而言，猶如一物有正反兩面，而實為一體，故能由正而反。事物發展到極點，再繼續發展，必將發展到另一面，此即所謂物極必反。　二、為往返之意，反，復也，有往必有返，如易泰卦所謂「無往不復」，十六章所謂「萬物並作，吾以觀復」，猶如四時之運行，運行到某一限度，定必回返，周而復始，所謂「天道好還」是也。　三、相反相成，既知物極必反之理，則對於事物作何要求，可以在所要求之反面着手，例如「曲則全，窪則盈」（廿二章），「將欲翕之，必固張之」（卅六章），老子發明此義頗多。——上述三義，實乃一理，蓋道之運行，不離本體，往而必返，故有物極必反之理，知物極必反，始明相反相成之道。

弱：：柔弱，與剛強相對而言。第十章「致柔」，卅六章「柔弱勝剛強」，四十三章「天下之至柔馳騁天下之至堅」，五十二章「守柔曰強」，七十六章「柔弱者生之徒堅強者死之徒」，七十八章「天下莫柔弱於水，而攻堅強者莫之能勝」，柔弱並非真柔弱，乃是對抗剛強之一種變通方法，故本章云「弱者道之用」。

道體虛靜，但時時在發揮功能，其發揮功能，即所謂「動」，一動一靜，靜而又動，有其一定之法則，循環不已；故晝夜相代，寒暑相消，在在皆有相反之現象，皆有變化之現象，變化即宇宙生命活潑之徵。若如枯枝敗葉，隨流而逝，一往不返，安有所謂生命？就此義而推之，諺云「失敗為成功之母」，雖有其理，天下事相反之中，每寓相成之機，在人之善悟其理而已。

道之化育萬物，純用潛默沖和之德，以弱為用，無剛強激烈之顯示；風性柔和，無孔不入，且有排山倒海之力；水性軟弱，無微不至，而「攻堅強者莫之能勝」。道中有剛有柔，故能強能弱，當強則強，當弱則弱，弱非真弱，而乃因事制宜之一種作用。世人多重視剛強之力量，而忽視柔能克剛，弱能勝強之理，故老子特別提出「知其雄守其雌」之理，而曰守柔以為強。

宇宙一切皆由道而生，道之本體為「無」，「無」本虛靜，動而生有，動而不已，萬物蕃生，「夫物芸芸，各歸其根」（十六章），「有」生於「無」，仍返於「無」，反本復始，生生不息，此即所謂道之動，此生生不息之理，純任自然，陰陽迭盪，相反相成，有無相生，循環不已，此即道之動，亦即道之用。

四十一章

本章講：明道與行道之不易，舉出上中下三等人，以作比較之說明。大道平夷，真理樸實，下學而上達，乃通天人之妙義，而謭陋之士，舍近而求遠，好高而務奇，故聞道而大笑之，此即孔子所謂「中人以下，不可以語上也」（論語雍也）。試看建言所述之十二項道理，豈俗見所能認識？惟上士始能明道、行道，而有得道之樂。

上士聞道，勤而行之。中士聞道，若存若亡。下士聞道，大笑之；不笑不足以為道。

如前章所講相反相成，反以弱為用之各種道理，並非俗人所能了悟，更不能期其實行。惟聰敏有志之上士，聞道便悟，而且拳拳服膺，力行不怠，如孔子所說「語之而不惰者，其回也歟」！（論語子罕），顏子即此等人也。其次則為天資平常之中士，聞道之後，未能深悟，不能篤信，不能實行，只是半信半疑，時作時輟，其對道之觀念似有似無，故曰「若存若亡」。再其次，則俗陋頑鈍之士，聞微妙玄通之理，不能領畧，則大笑謂為河漢之語，聞平易近人之道，不願實行，則大笑謂為迂濶之言，此即莊子所謂「井蛙不可以語海，曲士不可以語道」者也（秋水篇）。蓋大道無涯，非下士所能了解，大鵬摶扶搖而上者九萬里，鷽鳩反笑其高遠；假如下士聞之而能信受，而不認為可笑之道者，其道定必為俗陋之道，而非真道。

故建言有之：「明道若昧，進道若退，夷道若纇，上德若谷，大白若辱，廣德若不足，建德若偷，質真若渝，大方無隅，大器晚成，大音希聲，大象無形，道隱無名」。夫唯道，善貸且成。

建言有之：蘇轍云「古之立言者有是說。王道云「建言者，古所立之言也」。古人立言載於典籍，老子引之，建言乃古之書名也；莊子人間世篇引法言，鶡冠子天權篇引逸言，鬼谷子謀篇引陰言，漢書藝文志有讕言，可證書名曰言，古多有之。後世亦每以言名書，如呂氏春秋有應言，淮南子有詮言，劉向說苑有雜言，揚雄有法言，仲長統有昌言。老子此章，不曰「古之所謂」，不曰「聖人云」，而曰「建言有之」，則建言為書名無疑；故傅奕及敦煌各本作「建言有之曰」。自「明道若昧」，至「道隱無名」，皆建言中之語。

夷道若纇：夷、平也。說文「纇、絲節也」，引申為不平之意，故左傳昭公十六年「刑之頗纇」，服虔解云「纇、不平也」。河上本作「類」，注「大道之人，不自別殊，若多比類也」。

建德若偷：建、立也，偷者、言如有所畏，不求人知也。俞樾云「建」當作「健」，二字古通用。剛健與偷情相對；此說亦通。

質真若渝：論語衛靈公「君子義以為質」，質、體也，本也。又、實也，質真猶言真實也。劉師培云「真、當作德，古悳字與真相似」。 渝：變也，有真實之德者，體聖抱神，隨物變化，外表若變，而內不失其真。或云「渝」借為「窬」，說文「窬、空中也」，言實德若虛也。

大音希聲：十四章云「聽之不聞，名曰希」，則希聲等於無聲，即無聲之天籟，指道而言。

道隱無名：大道不可言說，無名可指，故曰隱。　貸：說文「貸，施也」。施惠於人也。

故建言有云：明道之人，內藏我智，反而若愚闇一般。進步於道之人，虛心自謙，反而若落伍一般。大道平夷，「而民好徑」（五十三章），彷彿坦途之中，有何阻礙。至上之德，不自以為有德，而且虛懷若谷。高潔之士，不顯自己之清白，「不羞汙君，不辭小官」（孟子萬章下），反而如不知榮辱一般。廣大之德，澤及天下，而一民有罪，則曰「是予之辜」（尚書說命下），反而引為己身缺德。立德不為要譽，反而不露行迹，若恐人知。真實之德，隨時制宜，似乎漫無準則，變易無常。大方至正之人，不存我見，不拘於一隅。大器準備大用，須製造完善，不能期於速成。大道之音，不能對牛鼓琴，故聞之者希。大道之象，無形可指，故見之者寡。道，總括萬物之理，「百姓日用而不知」（繫辭上），真所謂「有若無，實若虛」（論語泰伯），不可以言語形容，故曰「道隱無名」。

以上所舉建言之語，解說真理之不易識別，俗陋之士聞之，不但不能實行，反而大笑之；惟明哲之士聞之，能體悟其真義，而且能勤而行之。道，「善利萬物而不爭」（第八章），人對道有多少信仰，道便予人以多少成就，故上士之所以為上士，中士之所以為中士，下士之所以為下士，皆因其接受道之程度如何而成，所以唯道溥利而無私，曲成萬物而不遺。

四十二章

本章講：宇宙萬物由道而衍生之次序，並謂：萬物由道而生，出生之後，亦不能與道脫離，負陰而抱陽，仍然受道之涵養調和，以遂其生，亦即所謂「求食於母」（廿章），以道為本。萬物既統屬於道，故有形之損益無足輕重，自身之力量不足倚仗，徒恃強力以爭益者，正所以自損。

道生一，一生二，二生三，三生萬物。萬物負陰而抱陽，沖氣以為和。

道生一：老子所講之「道」「一」，列子所講之「太易」，莊子所講之「太一」，皆一物也。亦即易繫辭所講之「太極」，皆為理之別稱，名詞不可泥拘，理與道，一也。此類形而上之義理，每因人之想法不同，不易作固定之按排與解說，前於第十章內已說明「一」為道之別稱，然則本章所謂「道生一」，如何解說？莊子天地篇云「泰初有無，無有，無名。（或以有無無，有無名，斷句），一之所起，有一而未形」，本章「道生一」之道，即等於莊子之「泰初」，即「無名天地之始」，「一」即莊子「有一而未形」之一，即「有名萬物之母」，即「其中有真」之真（廿一章），此真實之功能，生出陰陽，即所謂「二」，陰陽二氣和合而生出「三」，陰陽兩大系，支流繁衍有無數之類別，每二性相合，皆能生出三，如此生生不息，即為萬物之出現。

負陰抱陽：負，背也，故淮南精神訓引作「萬物背陰而抱陽」。如固執背抱之義以作解，則背抱即等於前後，焦竑即如此解；如言後陰而前陽，則指背北向南而言，此只可取固定之物以為喻，故不可呆板解釋，「負陰抱陽」，總謂萬物皆稟陰陽二氣以生而已。

沖：虛也。和：調和。

道，為萬有之原理，產生真實一元之氣，一元之氣生出陰陽二氣，陰陽二氣相合而生出第三者，此即所謂三。陰陽體系中之類別，不可分析，不可統計；凡陰陽兩類相交，皆能生出第三者，是以雜然賦眾象而為萬物。萬物之母生出陰陽二氣，陰陽和合而生萬物，萬物稟陰陽之氣而生，又必須有虛靈之氣調和其間，如易乾卦所謂「保合太和」，始能「各正性命」，以遂其生，否則萬物便不能生成。

人之所惡，惟孤寡不穀，而王公以為稱。故物或損之而益，或益之而損。人之所教，我亦教之。「強梁者不得其死」，吾將以為教父。

孤寡不穀：見卅九章。　強梁：因橋梁、棟梁皆有強力，故借之以為「強橫」之喻，亦即剛暴也。金人銘「強梁者不得其死，好勝者必遇其敵」（說苑卷十），此自黃帝時所傳之古語，故老子謂：此乃前人所常用以教人者。

教父：敦煌本作「學父」，學讀為斆，斆亦教也。父為尊稱，「教父」，猶俗云「師父」也。

萬物涵濡沖和之氣以生長，故惠風甘雨之溫和，使人喜悅；嚴寒酷暑之厲烈，使人畏忌；然而一般人處世，每不重謙沖之德，而好逞剛強之行，是違道者也。王公自稱為「孤家」，孤家即所謂「獨夫」；自稱為「寡人」，即所謂寡德之人；自稱為「不穀」，即所謂不善之人；此等名詞，眾人皆不願接受，而王公謙卑自處，故以此自稱。其實謙遜溫厚、似乎貶抑自己，然而能與眾人和諧，反而有益；暴君汙吏、驕橫急然，似乎增加威勢，然而惹起人民之嫉恨，反為大害。易云「有時損剛益柔，有時損益盈虛」（損卦），故或益之，適足以損之；或損之，適所以益之；此乃天道之自然，人生應體此自然之理，不可逞強取利、違道行事，古云「強橫之人不得善終」，前輩以此教我，我亦以此教人，此種至理名言，我奉之以為師教之良訓。

四十三章

本章闡明以柔克剛，以無御有之義。天下人皆知競於剛而爭於有，故之人能作「無為之益」。

天下之柔，馳騁天下之至堅。無有入於無間。吾是以知無為之有益。不言之教，無為之益，天下希及之！

馳騁：馬奔跑之貌，此處有陵轢之意，有來往無阻之意，故傅奕本「下句作「出於無有，入於無間」。

無有入於無間：今河上及王弼本皆無「於」字。淮南道應訓及景龍碑皆有「於」字。——無有質體之物，即所謂虛無，指道而言。「間」為空隙，無空隙，即密度至極之物，亦即至堅之物。　希：少也。

水柔而石堅，然而簷水滴瀝，階石為穿；潮水激蕩，崖石被毀；可見天下之至柔足以陵轢天下之至堅。有形之物，有此例證，道通天地有形之外，非有形之物所可比論；其體至柔，柔而至於無物可指，但其以柔為強，至大至剛。天之高也，上有日月輪轉，因道可以推知其原委；地之厚也，下有無窮之寶藏，因道可以發掘其奧秘；道無所不在，無堅不入，無所不通其極，故曰「無有入於無間」。

道體無形，即在無形中發揮其功能，故曰「無為」，宇宙萬物在其化育之中，不知不覺皆得以各遂其生，「無為而無不為」矣，我由此而體悟到無為之益。但是不言之教，「我好靜而民自正」，無為之益，「我無事而民自富」（五十七章），此種神聖之功，天下有幾人明其理哉？

四十四章

本章教人不要為名利而忘生命。名利如身外浮雲，有無皆可，不足貴也。雖在人間世、和光同塵之中，不能與名利絕緣，而總要知足知止，不可貪求無厭，免致受辱與危險，方為人生長久之計。

名與身孰親？身與貨孰多？得與亡孰病？是故甚愛必大費，多藏必厚亡。知足不辱，知止不殆，可以長久。

名：名位聲譽。　多：重也。漢書何武傳「世以此多焉」。後漢書、馮異傳「光武以此多之」，注皆作重字解。　病：憂患也。

世人雖知愛其生命，然而每為爭名奪利以致殺身。試想：身外之虛名與本身之生命相比，何者為親、何者為疏？身外之貨財與本身之生命相比，何者為輕、何者為重？名高財富莫若侯王，王子搜避君位，而逃入丹穴；韓昭侯不肯廢雙手而得天下（莊子讓王）；可知得名利而亡身、與保身而亡名利，何者為重大之憂患矣！

為贏得所愛之名，而苦心計謀，不惜犧牲一切以求之，則耗費之代價必甚大；為多得所愛之貨，而屯積富厚，不顧招怨惹嫉以聚斂，則正所以誨盜啟爭，必有得不償失之患。

徇名徇利，皆為「殘生傷性」（莊子駢拇）。所以有道之人，知足知止，「知足者不以利自累」（莊子讓王），對貨財，見得而思義，故可免爭鬥之辱；知止者不違道以干譽，不伐善以邀名，故可免遭攻訐之患；如此，則不辱不殆，此乃心安理得長久之道。

四十五章

本章述道之功能，與四十一章建言所云同義。四十章云「反者道之動」，一靜一動，則現出正反兩面，而道體則主乎其中，攝此兩端而統一之。道體清靜，廣大圓滿，無為而無不為，故所謂若缺、若沖、若屈、若拙、若訥，而其實乃大成、大盈、大直、大巧、大辯。明道之君，善體道之啟示，故能以清靜為天下正，以成無為而治之功。

大成若缺，其用不敝。大盈若沖，其用不窮。大直若屈。大巧若拙。大辯若訥。

大成、大盈、大直、大巧、大辯，以喻無為之道體。缺、沖、屈、拙、訥，以喻道之動現象之一端。

道體虛靈，不可以形象測度，然而其功能無窮：大成譬若天地，好似一大洪鑪，其鑄造萬物，生生不息，却不見其機關何在，彷彿缺然無所有；然而化育生成，神妙之至，各順其宜，無所不周，故曰「其用不敝」。大盈譬若陽和之氣，瀰漫宇宙，視之而不見，摶之而不得，彷彿虛無所有；然而其滋毓萬物，無微不至，有始以來，供應不匱，故曰「其用不窮」。大直譬若長江之水，直向東流，雖有迴旋轉折之處，似乎若屈，然而直奔入海，並不易其方向。大巧莫若造化，妙道自然，不見其造作之技，似乎若拙，然而萬物芸芸，各具美致，非神工莫能為。辯者各欲爭勝，「天地有大美而不言，四時有明法而不議，萬物有成理而不說」（莊子知北遊），「天何言哉」？（論語陽貨），誠然若訥，然而誰能與之辯哉？——成與缺，盈與沖，直與屈，巧與拙，辯與訥，皆借有形之事物以喻道，然而道本無形，不可以言喻，此亦不得已而強言之而已。

躁勝寒，靜勝熱。清靜、為天下正。

躁：動也，見廿六章。　正：與政通。又、行無傾邪也。又、治也、糾正傾邪，使之歸於正也。又、首長也，見卅九章。

前節形容道體無為而無不為之功，治天下者當體道行事：試看寒暑乃天地之氣，而人可以自然之理適應之；寒而縮手不動，則愈寒；熱而狂走不安，乃愈熱；所以運動乃可以勝寒，穩靜乃可以勝熱。體察此種自然之理，因知天下人利害相磨，煩惱增多，欲火燒心而引起爭奪，亂端乃作。聖人先作預防之法，其法為何？即定之以清，以身作則，以「見素抱樸，少私寡欲」為教（十九章）；鎮之以靜，處事慎重，秉要執本，不多事紛擾；以清靜為天下法，自然民心向化，天下歸正，此即無為而治之本義也。

四十六章

本章講知足主義。天下至慘之事，無過於戰爭，而戰禍之起：一是由於貪欲引起內亂；二是由於侵略引起外患；總之每由於不知足，故不知足之罪大矣！是以老子發知足之論，以作告誡。釋迦云「知足之人，雖臥地上，猶以為安樂；不知足者，雖處天堂，亦不稱意。不知足者，雖富而貧；知足之人，雖貧而富」（佛遺教經），與本章知足常足同義也。

天下有道，卻走馬以糞；天下無道，戎馬生於郊。罪莫大於可欲，禍莫大於不知足，咎莫大於欲得。故知足之足，常足矣。

卻走馬以糞：楚辭愍命「卻騏驥以轉運兮」，卻，退也，去也，除也。走馬即善走之馬，可供軍用，莊子秋水「騏驥驊騮，一日而馳千里」，走馬即千里馬。卻，退除而不用之意；不以騏驥作馳騁之用，而以之作拉車運貨之用；與本文解除走馬戰場之用，而退於田野以作農事之用，同意。河上注「糞者、糞田也，兵甲不用，卻走馬治農田」。禮記月令「可以糞田疇」，以糞作禾稼之肥料，糞田即今所謂「施肥」。又、禮記曲禮「凡為長者糞之禮」，糞即除穢之意，穢字本義即為田中雜草，總之糞田與除穢，皆為田間之事而已。吳澄本、糞下有「車」字，蓋據張衡東京賦「卻走馬以糞車」而增加，謂以走馬拉糞車也。今韓非解老、喻老所引、及河上王弼諸本皆無「車」字，增加車字則不如增加田字。

戎馬生於郊：戎馬戰馬也。據鹽鐵論未通篇之意謂：頻年戰爭，戰馬傷亡，將產駒之牝馬，亦被驅入陣，故「駒犢生於戰地」。又、戎馬、兵馬也，戎馬生於郊，即敵兵進入四郊，響馬起於草澤之意。

罪莫大於可欲：王弼本無此句。韓詩外傳卷九、引此句，「可欲」作「多欲」，於義較長。

咎：災殃也，罪過也。

清靜無為之治，天下有道，各安其分，故無戰爭，雖有兵馬亦無所用，故將走馬分於田間，作農事之用。昏暴之君當政，天下無道，利欲相爭，怨仇相報，外而敵兵侵入邦畿，內而寇盜嘯聚山林，故戎馬生於四郊，於是時局大亂，此一代之國運即於此告終矣！

試想：此等大亂之禍，因何而起，蓋由三種大惡而來：一則由於享受奢靡，以種種「可欲」之事，引誘人心，製造紛爭；再則由於「不知足」，或剝奪人民，或侵略鄰邦，以滿足私心之所愛。再則由於「欲得」，欲竊得神器，為子孫造萬世之富貴；欲賺得雄名，以武力稱霸世界；此三者，皆足以造成內亂外患之禍，卒之一敗塗地，為天下之罪人。

總之，「可欲」、「欲得」，皆為「不知足」之病；不惟治國者當以此為戒，人人皆當以此為戒；若貪得無厭，足而猶以為不足，永無足時；定必招災致禍。知足之人，不妄有所求，安分自樂，永無不足之感。

四十七章

本章講修道明理之功效。一般人對於事物，多偏重客觀之察驗，而忽畧主觀之研判，故每落於機械偏狹，而不明其全理。周易講「極深研幾」之道，「唯深也，故能通天下之志；唯幾也，故能成天下之務」（繫辭上）。「極深研幾」之功夫，在乎「至誠」、「盡心」，中庸云「唯天下至誠，為能盡其性，能盡其性，則能盡人之性，能盡人之性，則能盡物之性，能盡物之性，則可贊天地之化育」。孟子云「盡其心者，知其性也，知其性，則知天矣」(盡心上)。天，即天道，即一切事物自然之理。無論事理物理，必須誠意盡心，探其本源，悟其真諦，方能推一知十，觸類旁通，此聖人所以能「不行而知」也。

不出戶，知天下；不窺牖，見天道。其出彌遠，其知彌少。是以聖人不行而知，不見而名，不為而成。

牖：窗也。　天下：指天下之事物而言。　天道：必然之道，自然之理。

彌：愈也，猶俗言「越發」，或更加也。

諺云「秀才不出門，遍知天下事」，事有當然，理有自然；心為人神明之官，足以悟眾理而應萬事，人同此心，心同此理，心無人我之別，理無遠近之殊，真理放之四海而皆準，質諸萬世而不疑。知常可以通變，執古可以御今，關尹子云「是故聖人見出以知入，觀往以知來，此其所以先知之理也」(列子說符)，運籌帷幄之中，可以決勝千里之外；「天之高也，星辰之遠也，苟求其故，千歲之日至，可坐而致也」(孟子離婁)。天下雖大，天道雖廣，其有關於人道範圍以內者，皆可依理而解，故曰「不出戶，知天下；不窺牖，見天道」。

此與諺語所謂「讀萬卷書」、或「行萬里程」之學問不同，此並非不重視客觀之知識；有人雖曾讀萬卷書，只是多嚼古人之糟粕；有人雖曾行萬里程，只是多臨覽天下之山水；皆爲過眼雲煙，無關人生之宏旨。天人之理，人生大道，須於「極深研幾」、審思妙悟中得之，若舍本逐末，只務世俗虛浮之見聞，則所知愈多，思想愈亂，離道愈遠，故真知愈少。

聖人「以身觀身」（五十四章），以道治事，道體即心體，「萬物皆備於我矣」（孟子盡心上），無待遠求，故對于世事，雖未躬身參與，雖未躬自閱歷，亦能明其故而說其理，並能順其理而促其成；中庸所謂「不見而章，不動而變，無爲而成」此之謂也。

四十八章

本章講爲學與爲道之不同。廿章言「絕學無憂」，其學爲世俗巧僞荒妄之學，故當絕棄之，以免招憂患。若夫明德達道正大之學問，則當學而不厭，多多益善也。學問要求日有增進，「君子學以致其道」（論語子張），修道何以要日求減損？孔子云「君子博學於文，約之以禮，亦可以弗畔矣夫」！（論語雍也），朱注引程子云：「博學於文，而不約之以禮，必至於汗漫博學矣」。汗漫為廣泛散漫之意，禮者，理也，所學雖多，而不歸納於理，則所學博而雜，思想紛歧，必致違叛真道。孟子云「博學而詳說之，將以反說約也」（離婁），朱注「所以博學於文，而詳說其理者，非欲以誇多而鬥靡也，欲其融會貫通，有以反而說到至約之地耳」。後漢書、范升傳『老子曰「學道日損」，損，猶約也』。損，減也，少也，皆為簡化之意，將博學所得之資料，剪枝去葉，而求其實質，秉要執本，以致其用；士人以此而成其實踐之學，帝王以此而成其無為之治；皆賴此為學為道之功也。

為學日益，為道日損。損之又損，以至於無為。無為而無不為。取天下常以無事；及其有事，不足以取天下。

益：增加。　損：減少。　取：治也，見廿九章。

學問要求廣大，知識要求豐富，故當日求進步，以期成德達材，博學多能。「為道」則與「為學」不同，列子說符云「大道以多岐亡羊，學者以多方喪生」。大道由明辨而得，真理由審思而定，人世問題：是非邪正，繁賾多端，歧途之中又有歧途，若不作嚴明判斷，則思想紛亂，迷惑而不知所從。故「為道」須將虛妄見解，錯雜意識，一一削除，如「披沙揀金」一般，淘汰廢物，始能發現真寶。將大道以外之虛浮障礙，日日損減，損之又損，真理以明，得其要妙，則一切複雜事故，不足以亂我之神，我則從容中道，以至於無為，其實無為亦即體道行事，不妄事紛擾，故無為亦即無不為。

聖人所以能安定天下，即以「無為」為常道，若私有所為，妄生枝節，則足以製造糾紛，使天下多事，便不足以治天下矣。

四十九章

本章為政教論。政府為人民辦事，故為政者以民意為主，而不持成見，大學云「民之所好好之，民之所惡惡之」，管子牧民篇云「政之所興，在順民心；政之所廢，在逆民心」，以順民心為行政之本，即本章所云「以百姓心為心」，此與近世民主主義何異？以民眾之心為心，不以私意有所作為，此無為而治之第一義。談到「教」之問題：聖人化導人羣，欲天下人盡歸於善，「有教無類」，雖有不善之人，而聖人亦善意待之，希望其同歸於善。以德化天下，使民心淳厚，皆注其耳目以聽聖人之訓示；而聖人則一秉大公，愛民如子，上下親睦，儼然天下一家矣！

聖人無常心，以百姓心為心。善者吾善之，不善者吾亦善之，德善。信者吾信之，不信者吾亦信之，德信。聖人在天下，歙歙為天下渾其心，百姓皆注其耳目，聖人皆孩之。

常心：固定之心，固執己見之心。

德善、德信：謂此乃聖人之善德，此乃聖人之信德。景龍碑及敦煌本「德」皆作「得」，謂聖人化民，使不善不信者皆不失善、不失信，故曰「得善」「得信」。傅奕本作「得善矣」、「得信矣」。

歙歙：歙，合也。合一而無分界。此處以重疊詞作渾其心之形容詞。明皇注本及敦煌本皆作「惵惵」，今河上本作「怵怵」，皆為恐懼之意，謂憂心天下事，惟恐治道有關也。

渾其心：渾厚其心，不用私智也。又、渾、齊同也，對天下人一視同仁也。

注其耳目：注、聚也，意之所向曰注意。言百姓皆注其耳目於聖人，受聖人之教導也。

孩：見廿章。此處言視人民如嬰孩，不嚴加責斥，而善加訓教也。

當政者若有專權之嗜好，事事為把持政權做想，「為者敗之執者失之」（廿九章），當然終歸失敗；雖非為把持政權做想，然而心懷成見，剛愎自是，定必專制獨裁，強奸民意，此種作風，正所以製造變亂。聖人體道行事，善於「因民之所利而利之」（論語堯曰），故無固定之意見。王道不離乎人情，「人情莫不欲壽，三王生之而不傷也；人情莫不欲富，三王厚之而不困也；人情莫不欲安，三王扶之而不危也；人情莫不欲逸，三王節其力而不盡也」（漢書鼂錯傳），此即所謂「以百姓心為心」。

政治以人民為主，教化則「以善養人」（孟子離婁下），聖人對百姓「嘉善而矜不能」（論語子張），欲天下人同歸於善，對于善人固以善待之，對于不善者亦以善待之，「聖人常善救人，故無棄人」（廿七章），各因其性而化之，不藉刑罰之威，此足見聖人之善德。對于誠信之人，固然待之以誠信，對于不誠信之人，亦待之以誠信，以至誠感召之，使之無所用其虛偽，此足見聖人之信德。大公無私，博愛人羣，故「不賞而民勸，不怒而民威」（中庸），此無為之德也。

一般人胸存私見，各是其是，各非其非，愛惡相攻，因而社會多故，聖人渾厚其心，對萬民一視同仁，融和天下人心，歸於一體，使善者信者相勉，不善不信者亦不自棄，百姓皆注其耳目，聽聖人之指導，聖人對百姓，則「若保赤子」（尚書康誥），一以慈愛化之，故天下仰之若父母，翕翕然上下和樂，皆怡然自得，所謂「王者之民皞皞如也」（孟子盡心上）。

五十章

本章大意謂：人有生必有死，生死乃自然之道，然俗人多因厚其生以追求利欲，反而自戕其生。須知利欲為傷生毀性之物，猶如猛獸刀兵一般，痴情好之，必受其害，故善攝生者，不為物慾所役，不作冒險之樂，雖知死為人所不免，然達人知命，必「順受其正」（孟子盡心上），決不行險以圖僥倖，免遭無謂之殃；所謂明哲保身也。

出生入死，生之徒十有三，死之徒十有三。人之生，動之死地，亦十有三。夫何故？以其生生之厚。

出生入死：「有」生於「無」，人自有生命而降生於世，曰出生；死則逝世而復返於「無」，故曰入死。莊子至樂「萬物皆出於機，皆入於機」，大宗師「其出不訢，其入不距」，皆以出入為生死。　徒：類也，屬也。

十有三：王弼注「十有三，猶云十分有三分」；即俗云十分之三。境遇順適而安然生存者，十之三；不幸罹患難而死者，十之三；行為荒謬而自蹈死亡者，十之三。韓非子、河上公、葉夢得，均以四肢九竅為十三，謂人在生時，四肢九竅皆屬於生；人死時，四肢九竅皆屬於死；即謂人之軀殼終歸於死，不必為肉體之享受而妄勞心計。——王弼之說，較為順適。

人之生，動之死地：韓非子解老，及傅奕本，皆作「民之生，生而動，動皆之死地」。文選鮑照代君子有所思注引「老子曰：人之生生之厚，動皆之死地，十有三」；生生即求生，與下句「生生之厚」同意，則此句「人之生」下似脫一「生」字，然今各家之本皆未增補，故只得仍舊。

普通人，所欲莫甚於生，所惡莫甚於死，然死乃人生必然之事，故君子

「修身以俟之」（孟子盡心上），違道以求生，正所以速死。試看世人生死之概況：命運平順，安然渡過一生者，十之三；遭遇憂患，不幸而死者，十之三；此二者乃命運所使然，非人力所可如何。然而有一般人，放縱私慾，行為荒妄，自掘墳墓，不能終其天年，此類人亦有十之三。人不能不求生，然而此類求生之人，何以動輒陷於死地？以其貪求聲色貨利豐厚之享受，五慾毀性，反道敗德，故直趨死地而不悟。——人之死如上述者，十分之九，此外、安分守己，既不自損壽命，又能順正路、守善道，以終其身者，此等人亦只有十分之一而已。

蓋聞善攝生者，陸行不遇兕虎，入軍不被甲兵，兕無所投其角，虎無所措其爪，兵無所容其刃。夫何故？以其無死地。

攝生：保護生命。河上注「攝，養也」。　　兕：野牛，與犀牛相似。

兕、虎、甲兵：總喻一切危險之物。

不被甲兵：被，具也，備也。韓非子解老「無害人之心，則無人害，無人害，則不備人，故曰入軍不備甲兵」。今河上本作「不避甲兵」，注云「不好戰以殺人」，意謂不好戰以殺人，則不必備甲兵，蓋河上古本亦為「不備甲兵」也。

又，被，受也，不被甲兵，謂我不害人，本身亦不被甲兵之害也。

容：用也。　無死地：地，境地也，死地，猶言死所也，言不闖入喪身之地也。

人皆愛其生，然所欲有甚於生者，故不違道以求生；「道」包涵攝生之道，嘗聞善攝生者，陸行不遇猛獸，蓋「既知山有虎，不向虎山行」也；於行軍之地，不遭甲兵之害，蓋「既知寇兵兇，不逞匹夫勇」也；因此，虎兕雖猛，無所施其爪角；刀兵雖利，無所用其鋒刃；何也？因善養生者，不「暴虎馮河」以輕生，亦即不無故而入死地也。

莊子云「至德者，火弗能熱，水弗能溺，寒暑弗能害，禽獸弗能賊，非謂其薄之也，言察乎安危，寧於禍福，謹於去就，莫之能害也」（秋水）。所謂水火猛獸不能害者，非謂犯之亦不受害也，而乃動作謹慎，不作無謂冒險之事也。至德之人，雖明哲保身，而非怕死偷生；「順受其正」，安危無所顧慮，禍福處之泰然，或去或從，隨造化之自然，「以死生為一條」，視「死生無變於己」（莊子德充符、大宗師），超然自在，豈肯為生生而引外物之傷害哉？此所謂「無死地」也。

五十一章

本章講道德之功能。道德本為一事，道為體，其所發之功能曰德。道為萬物之總原理，既賦萬物以生命，而在無形中發揮功能，生之、養之、成之，萬物之生生不息，燦然森列，即道之功能之表現。萬物各由其道以盡其生存之理，乃道德使之然，而不知其所以然，此廣大自然之道，無為而無不為之功，即所謂玄德。舜典云「玄德升聞，乃命以位」，治天下者，當效法天地之玄德，方能稱其位。

道生之，德畜之，物形之，勢成之，是以萬物莫不尊道而貴德。道之尊，德之貴，夫莫之命而常自然。

畜：養也。

勢：局勢、猶言環境，如水陸山野；時勢、猶言時機，如春夏秋冬；萬物各因其適宜之境地與時機而生成。

道為天地之根，為萬物之母，萬物由道而受靈氣而有生命。道既生之，隨之而加以畜養之德，以發育其生命，生命發育，現為形體，胎卵濕化各顯其類，各因其境、各依其時，順勢發展，以至於成。萬物由道而生，受德之養，始終以道德為主，故曰「莫不尊道而貴德」。但道之所以尊，德之所以貴，並非自以為尊，自以為貴，而乃其功在萬物，為無上之尊貴。其生養萬物，並非有所為而然，有所為便不自然，便落為被動，道乃「先天地生，獨立而不改，周行而不殆」（廿五章），其發揮功德，全為自然主動，絕無被動之關係。其施德於萬物，亦非有心使萬物尊貴之，如有心於此，即為被動。其在萬物居至尊貴之地位，萬物亦不知其所以然，常道常德，永遠不變，故曰「莫之命而常自然」。

故道生之，德畜之，長之育之，亭之毒之，養之覆之，生而不有，為而不恃，長而不宰；是謂玄德。

亭之毒之：蒼頡篇云「亭、定也」。廣雅云「毒、安也」。河上本及景龍碑皆作「成之熟之」，畢沅云「亭毒、成熟、聲義相近」，後遂用為造物生成庶物之詞。

德畜之：此句、顧歡本無「德」字。

養之覆之：傅奕本「養」作「蓋」。覆、覆蓋，有保護之意。

玄德：不可測之大德，見第十章。

所以道德雖然化生萬物，畜養萬物，而長育之、安定之、養護之，然而生之而不據為己有，為之而不恃為己能，長養之而不宰制之以為己利，使萬物「誘然（美也）皆生，而不知其所以生；同然皆得，而不知其所以得」（莊子駢拇），似此幽微廣大深不可識之功能，不可得而名，只可稱之曰「玄德」而已。

五十二章

本章教人務道守本，以發揮道之妙用，不可為逞意欲之快而追逐浮華，陷於煩惱之中，以致終身不救，所謂「不知常，妄作，凶」也（十六章）。能守道，則胸境光明，不至誤入歧途，是以人生健強，自得其樂，此謂「襲常」。

天下有始，以為天下母。既得其母，以知其子；既知其子，復守其母；沒身不殆。

「始」與「母」：首章云「無名天地之始，有名萬物之母」，始與母皆指道而言。　子：指由道所生之事物而言。

天地萬物由道而生，道為萬物之始，亦為萬物之母。人為萬物之一，不能離道，故應當求道，如廿章所謂「而貴求食於母」也。然聞道易，而得道難；知道易，而守道難；既得道，則知由道所生之事物之理，故曰「既得其母，以知其子」。物不離道，子依於母，既知事物皆道所生，則當守道重本；遵道而行，故能坦然於人生之正路，適然自得，是以「沒身不殆」。

塞其兌，閉其門，終身不勤。開其兌，濟其事，終身不救。見小曰明，守柔曰強。用其光，復歸其明，無遺身殃；是謂襲常。

塞其兌：易、兌卦「兌、悅也」，說卦亦云「兌者、悅也」，又云「兌為口」。蘇轍將此處兌字作悅字解，謂：人心所悅者物欲也，「目悅於色、耳悅於聲、開其悅之之心」，則足以亂神，故應杜塞之也。焦竑云「兌、口也，人之有口，家之有門，皆喻物所從出者，塞而閉之，藏有於無，守母者也」。二說皆可。

門：凡竅竇之口，皆曰門。管子心術篇「開其門」，門謂口耳鼻也。河上注云「門、口也，使口不妄言」。

勤：勞苦也。

見小、守柔：指得道守母而言。亦即見道守道也。道體精微、視之不見，故曰小；道體虛無，摶之不得，故曰柔。

光、明：明為體，光為用，明猶燈火本體之明，光則為明所放射外見之光。此處之光明，指智慧而言。

襲常：猶如廿七章之「襲明」，襲，因也；言能因常道以行事也；亦即守母之意也。河上本、王弼本，皆作「習常」，謂「習修常道」也。

人既貴乎守道，然普通人，每患徇物而忘道，因為物欲足以引人喜悅；美味悅口，美聲悅耳，美色悅目，使人馳逐忘返，則足以亂性而失道；所以當「塞其兌」，杜絕荒妄之樂；「閉其門」，不縱耳目之欲；如是則心神清靜，樂道自安，不為物役，故終身無憂勞之患。倘若不然，「開其兌」，放情任欲，每日營營苟苟，以求濟其私心之所好，奢望永無滿足之日，將必沉於慾海，而終身無可挽救。

守道之人，體悟真理，察見事之幾微，不妄勞心智，不自尋煩惱，如此、可謂明矣。能遵道而行，虛靜守柔，不露鋒鋩，不遭挫折，如此、可謂強矣。道德充實於中，自然輝光外發，有時才智功能見之於行事，但決不意氣飛揚、逞能以為快，揮劍顯光，而仍然收之入匣；雖用外見之光，而仍返歸於本然之明，五十八章所謂「光而不耀」也，決非外強中乾，徒憑技巧以用世者。「清明在躬，志氣如神」(禮記孔子閒居)，不自取咎戾，故殃不及身；如此、有道有守，安然自得，此之謂「襲常」。

五十三章

本章講：在位者、應當「以正治國」、「少私寡欲」，以率萬民，不可走向邪路，使政治腐敗。更不可恃威勢，享奢侈，聚貨財殘民以自肥。須知此種行為，上行下效，賊由是興而亂由是起，是自取滅亡之道也。

使我介然有知，行於大道，惟施是畏。大道甚夷，而民好徑。朝甚除，田甚蕪，倉甚虛，服文綵，帶利劍，厭飲食，財貨有餘，是謂盜夸，非道也哉！

介然：易、豫卦「介于石」，耿介，言守道不阿，堅確不拔也。孟子盡心上

「柳下惠,不以三公易其介」,介,特立而有操守也。又,孟子萬章上「一介不以取諸人」,介通芥,草也,以喻輕微也,焦竑云「介然有知,猶言微有知也」,猶謂:略有知識也。

施:孟子離婁下「施從良人之所之」,朱注「施,邪施而行」,施同迤,斜也,不正也,故此處各家多作邪字解。又,論語公冶篇「無施勞」,朱注「施張大之意」,故此處亦有作夸張放恣解者。

徑:小路也。此處指邪道而言,故河上注「徑,邪不平正也」。

朝甚除:易,萃卦「君子以除戎器,戒不虞」,除,修治也。此處言:朝廷宮闕修飾華麗,以喻在上者奢侈之現象。

厭:同饜,飽也,足也。

盜夸:廣雅釋詁一「夸,大也」,盜夸謂盜之大者,猶言盜魁,魁亦大也,即莊子胠篋所謂竊政權之大盜。韓非解老謂:竽為五聲之長,竽先發聲,則鐘瑟皆隨之,故大姦唱,則小盜和,帶利劍,資貨有餘,」是之謂盜竽矣」,因此,楊慎謂「夸當作竽」。其實以竽作大盜之比,乃韓非解老之語,非老子之本文,本文並無以竽比大盜之文句,若改為「盜竽」,則與本文不合。故顧炎武亦以楊慎之說非。又有人以為敦煌本作「盜誇」,遂改為「誕誇」,又或改為「誕迂」,愈改離本文愈遠。今河上、王弼及諸家之本，多作「盜夸」，無誤。

假使我特然有超俗之見解，對於道有正確之認識，則定有堅確之信仰，決然行於大道之中，而唯恐涉及邪路。大道蕩蕩，光明平正，安心行之，決無危險。然而一般人，舍正路而不由，偏好走邪僻之小路，互相摩擦，引起鬥爭，甚可嘆也。

泛泛之人，不明大道，故全憑在上位者以身作則，領導人羣，入於正軌。然而昏惡之君，縱慾無度，以淫邪率天下，橫征暴斂，大修宮闕，峻宇雕牆，富麗堂皇，而民間田野荒蕪，倉廩空虛，國家之貧弱，可想而知；而統治階級，則錦衣珠冕，文綵絢爛，佩帶利劍，耀武揚威，只貪奢侈之享樂不顧邦家之前途，每日醉飽歌宴，其樂忘死；更且刮窃民脂，聚斂貨財，擴充私人之資產，不恤民間之貧苦。如此藉權勢侵奪人民而享富華，上行下效，盜竊亂賊乃起，是在上者所領導而起也；然則領導者，豈非盜魁乎？小盜蠭起，天下大亂，則大盜之「金玉滿堂，莫之能守」矣（第九章），此無道之行為，所造之孽也！

五十四章

本章講：建德守道以修身為本，「自天子以至於庶人，壹是皆以修身為本」（大學），由齊家而治國，而平天下，其所事之範圍有大小，而總須推己及人，一切從自身作起，尊德守道，至誠無偽，方能負領導之責，以成所期之功，故曰「修之於身，其德乃真」。此猶如莊子所云「道之真，以治其身」（讓王）。道之實際首在修身，身不修，不可以齊家，豈能聞國家天下事？

善建者不拔，善抱者不脫，子孫以祭祀不輟。

建：指建立功德而言。　抱：指抱守道德而言。　輟：止也。

為釣譽而立德者，雖能誇善耀功，博得一時之美稱，此乃有所為而為，與商賈貿易相似，故當時即有人揭其短而貶其名。為謀食而學道者，雖能誦聖人之遺言，以顯其學有所成，然而空談理論，如伶人之說唱相似，其為人處事，則違道而行。聖人已立立人，出乎至誠；行道濟世，不顧毀譽；其不朽之功業，永世長存，誰能拔除之哉？聖人「戴仁而行，抱義而處，雖有暴政，不更其所」（禮記、儒行），「無終食之間違仁，造次必於是，顛沛必於是」（論語里仁），終身樂道而不倦；其德配天地，道傳萬古，永受後世之崇拜。

修之於身，其德乃真；修之於家，其德乃餘；修之於鄉，其德乃長；修之於邦，其德乃豐；修之於天下，其德乃普。

修之於邦：河上及王弼本、本句及下段、「邦」字皆作「國」字。焦竑云「「邦」作「國」者，乃漢人避高帝諱所改」。韓非解老作「邦」字，自「修之於身」以下五句，解老皆無「於」字。

人之德性、良知，為天然所具有，只要肯自修，使自身健全，則推己及人，同然之理，揆之萬事而合，放之四海而準，決無差爽，故曰「其德乃真」。既能修身崇道以自立，則擴充建德之範圍，治家、必能德化家人而有餘；治鄉、必能德化鄉人而久長；治國、必能德化國人而勳業豐隆；治天下、必能德化天下而流惠普徧。

故以身觀身，以家觀家，以鄉觀鄉，以邦觀邦，以天下觀天

下吾何以知天下之然哉？以此。

以此：此指真德能體諒人情而言。

上述建德抱道之功用，由本身推而至於家，由家推而至於鄉邦天下，完全以修身之真德作基礎，德足於內，無所假於外。則以我之身觀人之身，家鄉邦國天下之人雖繁，然而人同此心，心同此理，人生問題，大致相似，觀我之身，可知他人之身；觀我家之人，可知他家之人；觀我鄉邦之人，可知其他鄉邦之人；觀當今天下之人，可知已往及將來天下之人；往古來今，「人情大抵不相遠」（唐．陸象先語），「能近取譬」（論語．雍也），推己及人，可知人心所同然之理，因此，故能「不出戶知天下」（四十七章），故能成「善建」、「善守」之功。

五十五章

本章以天真淳厚之赤子，比喻常德之功能。老子每以嬰兒喻守道之至人：第十章謂「專氣致柔，能嬰兒乎」？廿八章謂「常德不離，復歸於嬰兒」。本章謂：嬰兒德性淳厚，心無私欲，不受外物之搖動，不惹外物之侵害，不作益生之求，不知使氣逞強，自然適性，「游心乎德之和」（莊子德充符），故不招外來之殃。似此真常之厚德，在成人之中，惟修德達道者能之。

含德之厚，比於赤子：毒蟲不螫，猛獸不據，攫鳥不搏。骨弱筋柔而握固，未知牝牡之合而峻作，精之至也。終日號而不嗄，和之至也。

含：包容也。　赤子：即嬰兒，「言其新生，未有眉髮，其色赤」（漢書賈誼傳注）。

毒虫不螫：王弼本作「蜂蠆虺蛇不螫」。蜂蠆之尾有針，人若犯之，便以尾針傷人放毒，受毒之處腫痛，甚至有致死者。蜂蠆傷人曰螫，虺蛇噬人則不名曰螫。左傳僖公廿二年「蠭蠆有毒」，通俗文云「蠆亦蠍之類也」，故傅奕本作「蜂蠆不螫」。

猛獸不據、攫鳥不搏：據同「豦」，兩相執鬥不解也，故焦竑云「以爪按拏曰據」。

攫：莊子讓王「右手攫之」，以爪取物曰攫，故鷹類捉取小鳥曰攫。攫鳥即鷹類，說苑修文篇「猛獸不攫，鷙鳥不搏」，鷹類即鷙鳥；兇鷹大鵰，能以翅擊人、以爪傷人。

峻：傅奕本作「朘」，玉篇「朘，赤子陰也」。

號而不嗄：莊子庚桑楚「兒子終日嗥而嗌不嗄，和之至也」，嗥通號、呼啼也；嗌，咽喉也；嗄，聲嘶也，啞也。王羲之及傅奕本，蓋據莊子文而增「嗌」字。今河上本，嗄作「啞」。

含德淳厚之人，胸無機詐，抱持常德，可比之如天真無邪之赤子。赤子無所營求，順守自然，更無逞強弄巧之行為；不觸犯蜂蠆，故不遭其螫；不玩弄猛獸，故不受其害；不驚動鷙鳥，故不受其傷。骨雖弱，筋雖柔，然而其握定拳頭，却甚緊固，因其心不外馳也。雖不懂牝牡交合之情，然而其陰莖時常直挺而起，因其元氣充足，而精力有餘也。雖終日慣於號哭，然而聲音卻不嘶啞，因其無所憂怨、不煩心、不傷氣，淡然無慮，一任自然，和之至也。

知和曰常，知常曰明，益生曰祥，心使氣曰強。物壯則老，謂之不道，不道早已。

益生曰祥：益生、即五十章所謂「生生之厚」，求優厚之物質享受，故曰益生。一切悖道妄為，損人利己之事，皆由求益生而發，於是益生反而為傷生，故莊子云「常因自然而不益生也」(德充符)。——此「祥」字為假借相反之詞，如尚書顧命「其能而亂四方」，「亂」作「治」解；曲禮「離坐離立」，「離」作「近」解，此處之「祥」字亦然；說文段注「災亦謂之祥」，故易順鼎解云「祥即不祥」，然則此祥字可作殃字解也。易、乾卦云「乾道變化，各正性命，保合太和」。性為物所稟受之性，命為天所賦予之命，各正性命、言萬物天然各有其常道，不可偏傾，以免互相妨害。太和是天地畜養萬物，自然沖和之氣；「保合太和」、合為與天道相合，言保持乾坤之和氣，以全天性，不與外物相抵消。凡調協相對之事物，使之和諧，皆謂之和，和諧而無衝突之患，方為常道，故曰「知和曰常」。常道不有所偏，光明磊落，一切虛妄之事，不足以惑之，故曰「知常曰明」。不順自然之常道，苦苦追逐物欲以求益生，貪得無厭，侵害他人，此之謂「不知常、妄作、凶」(十六章)，是自取禍也！

凡不知常而橫行妄作之人，必然專心用力於血氣之勇以爭取所欲，此之謂以心使氣，亦即所謂「暴其氣」。暴氣失和，強橫用事，謂之無道，雖囂張一時，而招眾人之忌，必不能久長，所謂「強梁者不得其死」也（四十二章）；猶如一物之壯，「樹大招風」，七十六章云「木強則兵」，即不遭斬伐，亦必至衰亡；此足為無道反常者之戒。

五十六章

本章講善為道者，立身處世之態度。雖博學多聞，淹通眾理，而不露鋒鋩，不與世人作是非之爭論。「不譴是非以與世俗處」（莊子天下），混同人我，不涉利害之糾紛，「故無所甚親，無所甚疏，抱德煬和，以順天下，此謂真人」（莊子徐无鬼）。

知者不言，言者不知。塞其兌，閉其門，挫其銳，解其紛，和其光，同其塵；是謂玄同。

兌、門：見五十二章。兌為口，人之有口，猶家之有門，物之所出入者皆曰門，故耳鼻亦括在內。此處塞兌閉門，猶言「非禮勿言，非禮勿聽」也。

挫銳、解紛、和光同塵：見第四章。

玄同：玄者，廣大深遠，包羅萬有，故能含容眾理而知其各有所當，無所固滯。玄同猶言混同，能貫通眾理，不偏執私見，則能混同人我，不分彼此，惟義所在，而無冰炭不容之患。

「道可道，非常道」，道之所以然處，只可意會，不可言傳，即真知「道」者，亦不能形容其奧妙，豈肯隨意發表議論？故孔子曰「予欲無言」（論語陽貨），釋迦云「不可說」（涅槃經廿一）。彼夫膚淺之流，稍有一知半解，便假借講道而大放厥辭，亦只如痴人說夢，信口雌黃，豈知道之真諦哉？故莊子述老子之言云：「知者不言，言者不知，而世豈識之哉」？（天道）。

故明道之人，「塞其兌，閉其門」，口不發無謂之言，耳不聽邪詖之說；「挫其銳」，不顯露睿知；「解其紛」，必掃除雜念。道隆則從而隆，能和其光以相融洽；道汙則從而汙，能同其塵而不離異。故對于人情事理，不存我見，一本自然，以為「天地與我並生，萬物與我為一」；達此境界，是謂玄同。

故不可得而親，不可得而疏，不可得而利，不可得而害，不可得而貴，不可得而賤；故為天下貴。

俗人以私心之好惡，糾纏於親疏利害貴賤，種種問題之中，引起恩怨煩惱之孽，造成人世之憂患。有道之士，達乎玄通之境，心同太虛，廓然大公，「周而不比」、「羣而不黨」（論語、為政、衛靈公），故不可得而親；端肅和祥，正氣感人，故不可得而疏；淡然無欲，見得思義，故不可得而利；行於大道，超脫生死，故不可得而害；視高位為危機，視爵祿如塵土，故不可得而貴；不慕權勢，高尚其志，故不可得而賤。似此超然物外，不牽累於親疏利害貴賤之間，天下之貴何以加此？

附錄東漢樊英之言可助本文之解說

樊英南陽魯陽人，少習京氏易，兼明五經，弟子甚眾，安帝時徵為博士，後隱於壺山（在河南魯縣），順帝備禮徵之，英固辭疾篤，乃詔責郡縣駕載上道，英不得已到京，稱病不肯起，乃強輿入殿，猶不以禮屈，帝怒謂英曰「朕能生君、能殺君，能貴君、能賤君，能富君、能貧君；君何以慢朕命」？英曰「臣受命於天，生盡其命，天也；死不得其命，亦天也；陛下焉能生臣、焉能殺臣？臣見暴君如見仇讎，立其朝猶不肯，可得而貴乎？雖在布衣之列，環堵之中，晏然自得，不易萬乘之尊，又可得而賤乎？陛下焉能貴臣、焉能賤臣？臣非禮之祿，雖萬鍾不受，若中其志，雖簞食不厭也！陛下焉能富臣、焉能貧臣」？帝不能屈，而敬其名，賜几杖，待以師傅之禮，英稱疾篤，詔為光祿大夫，賜告歸，（後漢書列傳七十二）。

五十七章

本章講：以無為治天下，四十八章云：有為則不足以治天下。有為則不惜用智巧以行事，智巧、治國且不可用，惟可用之於行兵、（國、指諸侯之封地而言，諸侯屬於天子，天子統率諸侯，負治天下之責）。治國只要能實行正當之政策，即可安定國家；至於治天下、則非治國可比，須「柔遠能邇」、化洽八方（尚書舜典）；亦非用兵可比，「馬上得天下，不能以馬上治之」（漢書陸賈傳）。試看有為而治，「法令滋彰」、種種害處，實乃弄巧成拙。治天下非有無為而治之德不可，必須無為、好靜、無事、無欲，方能使四方向化、天下歸心。

以正治國，以奇用兵，以無事取天下。吾何以知其然哉？以此：天下多忌諱，而民彌貧；民多利器，國家滋昏；人多技巧，奇物滋起；法令滋彰，盜賊多有。——故聖人云：我無為而民自化，我好靜而民自正，我無事而民自富，我無欲而民自樸。

正：直而不曲，方而不邪，純而不雜，皆謂之正。孔子云「政者、正也」（論語顏淵），糾正不正之事，使一切皆歸於正道，謂之政治。

奇：奇巧之術也。既然與敵交兵，則不可學宋襄之仁，自取覆敗；故舅犯謂晉文公曰「戰陣之間，不厭詐偽」（韓非子難一）。

取天下：即治天下，見廿九章。

以此：廿一章、五十四章、所用之「以此」，皆指上文而言，此處之「以此」、則指下文而言，以下八句，述有為有事之害；因此、知有事不足以天下，乃知「以無事取天下」之理。

利器：見卅六章。本章河上注云「利器者、權也」，指權謀而言，故蘇轍注云「利器、權謀也」，王弼注「利器、凡所以利己之器也」，如特有之權利、私人之勢力等皆是。

技巧：尚書泰誓云「作奇技淫巧，以悅婦人」，禮記王制云「作淫聲異服、奇技奇器以疑眾，殺」。奇技為引人戲玩而荒正事之伎倆，奇器為只供戲樂而無實用之器物。宋人為其君雕玉為楮葉，三年始成（列子說符），以及「纖綺難成，害女紅之物」（漢書哀帝紀），此皆為技巧奇物之類，管子五輔云「工事競於刻鏤，女事繁於文章，國之貧也」。

末四句：好靜、無事、無欲，皆屬無為之義。「化」對心言，「正」對身言，「富」對家言，「樸」對俗言，皆為無為所發生之功用，故此四句，實為一義，蓋重疊其句，反覆吟誦，以致丁寧之意耳。

治國用公正之政策，不用權術手段，不用壓迫力量，取得國人之信仰，則不賞而民勸，不怒而民威，政通人和，國家自治。用兵則與治國不同，敵寇既不可理喻，必須以武力解決，我不得已而用兵，則目的在乎克敵，盡量運用奇謀巧計，以爭取勝利，所謂「兵不厭詐」也（後漢書虞詡傳）。至於治天下則又與治國用兵不同，既不可用奇巧之術，若只能厲行公令，尚不足以濟事，必須能體悟大道，握住要領，以簡御繁，無為而治。若不通其要妙，反覆無常；或故意有所作為，而紛擾多事，便不足以化導天下、統一四海；吾何以知其然哉？因不明大道者，固執私見，強有所為，引起複雜之問題，便不足以治天下；下列四事，便因有為而引起：

在上者處事多闇，聚斂無度，只怕社會亂，只防人心叛，於是嚴佈禁網，故天下畏忌之事甚多，休談國事，偶語者誅，人民各懷疑懼之心，憂憤無聊，不得安生，遂至愈加貧困。人民既不得安生，則各用機謀以趨利避害；甚或暗藏利器，以作自衛對抗之備；於是民間多故，國家愈加昏亂。在上者享用奢華，貪求「難得之貨」，上行下效，於是人多技巧，製造奇物以求牟利，桀作瓊臺玉牀，紂用象箸玉杯，陳後主以珠翠飾樓閣，宋徽宗以花石綱運珍玩，皆引起天下大亂。政府所為既失正鵠，即嚴定刑罰以防變亂，亦屬無效。政治愈腐敗，人民作奸犯科之動機愈多，於是法令亦愈繁瑣，法條愈細密愈詳明，人民動輒得咎，無所措手足，則犯法者愈多，於是人心思亂，挺而走險，羣起為盜者亦愈多。故晉大夫叔向云「國將亡，必多制」（左傳昭公六年）。——此皆有為滋事所致也。

聖人有見於此，故曰：我為政以德，「抱一為天下式」，即可矣（廿二章）。我不私有所為，而民自化；我好靜而不妄為，而民自正；我不格外滋事，而民自富；我清心寡欲，而民自樸。此之謂「以無事取天下」，亦即「無為而無不為」之治道。

五十八章

本章承上章申述「無為」之義。無為不但為行政致治之本，亦為立身處世之道。大道無私，總歸自然，非人之私意所能操縱。天下事理變化無常，人若只憑私意以定福禍、正邪、善惡之成見，而強有所為，則每致出乎意料之外，而得相反之結果。明道之人，體自然之理，無所執着，守無為之常道，不凝滯於物，因時制宜，以應無窮，為政如是，立身處世亦如是。

其政悶悶，其民醇醇；其政察察，其民缺缺。禍兮福之所倚，福兮禍之所伏，孰知其極？其無正。正復為奇，善復為妖，人之迷，其日固久。

悶悶察察：廿章亦有此詞，其意相似。河上注「悶悶昧昧，似若不明也」。悶悶為渾樸而不露聲色之意，如十七章所云「太上民知有之」者也。 察察為繁瑣詳細、絲毫計較之意。

醇醇：醇通淳。純厚不雜也。 缺缺：缺、虧缺、殘缺而不完美之意，與醇醇相反。說文「缺，器破也」，此處形容失卻渾樸，民情殘壞之意。

極：理之極處，事之究竟。

其無正：傅奕本作「其無正衺（邪）」，謂俗人不知正邪。憨山本作「其無正耶」？謂豈無真人以理正之乎？今河上及王弼本皆作「其無正」，後人多解正為定，言禍福無定也。竊以「其無正」，當與下句「正」字同義，說文「正，是也」，是便為正，不正便為邪，謂俗人智淺，其所認定之禍福善惡，無正見，無是處也。

奇：正之反面，邪也，巧詐也。　妖：災害也，或作訞、祅，皆通。異於常物而害人者，曰妖。

無為而治者：如「文王視民如傷」（孟子離婁下），其仁政出自惻隱之心，德澤普及人羣，其政治悶悶然與禮俗相融，似無分介，故其民風淳淳然，樸厚相安，皆怡然自足。有為而治者，如商君之法，旅行之人皆須身帶證具（史記商君傳），使人民互相監視，其政察察然；「法令滋彰」，盜賊頗多，故其民情缺缺然，雖衣食無虞，而心中有難言之隱。

上述無為與有為，得失是非，既已顯然，可知天下事只宜遵道而行，不可強有所為。然而俗人則每好執私見，逞強行事；對于當作之事，明知義不容辭，為恐得禍，而強行拒絕，不肯為之，豈知此事乃福之所倚？；對于不當作之事，明知悖禮傷德，為圖福利，而強抱奮勇，毅然為之，豈知此事乃禍之所伏？；世事變化無常，誰能預知其究竟？；而況俗人胸中只有利害，而無正確之見耶？

既無正確之見，則足以顛倒是非。聖人之言本為正大，而盜跖誣之為巧偽（莊子盜跖篇）；男女有別，本為知禮，而淫徒罵之為頑固；正、彼反而以為邪；善、彼反而以為害；世人之執其偏見，迷而不悟，自古有之，由來已久，是以大膽妄為之徒，永遠不絕。

是以聖人方而不割，廉而不劌，直而不肆，光而不耀。

方而不割廉而不劌：方為方正，例如一個方正物體，必有隅角，廉為方正物體之側邊，側邊必有稜刃，禮記儒行「砥礪廉隅」，廉隅為有廉有隅，為品格端正之形容詞。割、傷害也，劌、刺傷也。廉隅稜角有鋒刃，能刺傷人，聖人以方正廉潔化導人，不以自己之方正制裁人，不以自己之廉潔刺激人，故曰「方而不割，廉而不劌」。劌、或作穢，但不如劌字義長，且禮記聘義及荀子法行、榮辱各篇，皆有「廉而不劌」之句，可見此乃古之成語。

直而不肆：河上注「肆，伸也，聖人雖直，曲己從人，不自伸也」。肆、亦即放肆之意。「直而不肆」、亦即四十五章「大直若屈」之意。

惟體道之聖人，明自然之理，知禍福之因，「得其所利，必慮其所害；樂其所成，必顧其所敗」（老子語、見說苑敬慎篇）。故本身雖正，而不執自我之法度以裁斷他人；本身雖廉，而不顯自己之清白以刺激他人；雖剛直，而不暴露其剛直；雖光榮，而不炫耀其光榮；（莊子刻意「光而不耀」，疏云「智照之光，明逾日月，而韜光晦迹，不炫耀於物」。）如此、處世則「俗人察察，我獨悶悶」（廿章），與世無競；為政則「其政悶悶，其民淳淳」，無為而治。——無為之功德如此。

五十九章

本章講修養之道。韓非子解老云「少費謂之嗇」，嗇其心神，靳惜愛護而不浪費；無論修身治事、皆當重視養心嗇神。嗇養富厚，始能積健為雄，心神康泰，氣魄靈活，處事勝任愉快。然而世人不明此理，往往多事自擾，妄耗精神，不能修身，豈能治事？故道家注重養性復真之道。

治人事天，莫若嗇，夫惟嗇，是以早服。早服、謂之重積德。重積德，則無不克。無不克，則莫知其極。莫知其極，可以有國。有國之母，可以長久。是謂深根固柢，長生久視之道。

治人事天：事天即孟子盡心篇所說「存心養性」之功夫，治人則有二說，皆可通：一、韓非解老云「聰明睿智、天也，動靜思慮、人也。所謂治人者、適動靜之節，省思慮之費也；所謂事天者、不極聰明之力，不盡智識之任；苟極盡，則費神多，費神多，則盲聾悖狂之禍至，是以嗇之。嗇之者、愛其精神，嗇其智識也，故曰：治人事天莫如嗇」。憨山云「人指物慾，天指德性也，言治人事天莫若嗇者、即復性工夫也」。此謂治人事天，皆為修身之事也。二、蘇轍云『孟子曰「存其心養其性，所以事天也」。以嗇治人，則可以有國者是也；以嗇事天，則深根固蒂者是也』。此以治人乃「為政」之事，以與下句「可以有國」相照應。呂惠卿、王道等，亦以「治人」指為政而言。

嗇：儉也，節省也，不妄費也。王弼解作嗇夫，謂「農夫之治田，務去其殊類，歸於齊一也」，指去惡去欲而言。

早服：韓非云「夫能嗇也，是從於道，而服於理者也」（解老），謂早服道理也。姚鼐云「服者，事也，嗇者事服而力有餘，故能於事物未至而早從事以多積其德，逮事之至，而無不克矣」。宋彭耜本作「早復」，困學記聞十所引亦作「早復」，謂朱文公解云「不遠而復」。——然傳至於今者，韓非之本為最古，河上與王弼本以及最近出土西漢馬王堆之本，皆作「早服」，故當以「早服」為是。

母：廿五章「可以為天下母」，母指道而言。

根柢：韓非云「樹木有曼根，有直根」，根之長遠者曰曼，根之直者曰柢。河上本，柢作「蒂」，集韻云「蒂，草木根也」。花與枝莖相連處亦曰蒂。

長生久視：猶言生活長久之道也，此乃當時流行之成語，荀子榮辱篇、呂氏春秋重己篇，皆有此成語，重己篇高誘注「視，活也」。——按長久即久長，長與久兩義相通，久視猶言高瞻遠矚，有遠大之眼光，故能建長久之生計，與上句「深根固柢」、基礎堅強之意相照應。

為政不宜紛擾多事，修身當戒妄思亂慮，湯云「天地節而四時成，節以制度，不傷財，不害民」（節卦）。孟子云「養心莫善於寡欲」（盡心下），節嗜欲，則少煩惱而神志清明，故曰「治人事天莫若嗇」。

能嗇而不妄費心神，則精力充沛，見解清晰，燭照事理，未雨綢繆，「事前定，則不困」（中庸），凡事顧及周到，早作預備，「有備無患」（左傳襄公十一年），免得臨時急迫，勞民傷財，能如此、則積德厚矣！積德厚，則人無所怨，自心坦然，精神愈加飽滿，行事更有餘力，故所事無不勝任。事事勝任，足徵達道明理，無往不利，則此人之德能，莫知其極，不可限量也。有不可限量之德能，方可以保國安民，負起治人之任務。

此等人之德能，由至誠不息，「用志不分」，心無雜念，修養而成，亦即所謂「嗇」，亦即抱一守道之功夫，道「為天下母」，有國者有治國之道，方能長治久安。——精神為生命之本，能嗇之而善加修養，猶如培養樹木一般，根柢既深且固，即古所謂「長生久視」之道也。

六十章

本章以烹小鮮比喻治大國，以明無為而治之功；能無為而治者，即「以道蒞天下」之聖人也。烹小魚不可急躁而亂加攪動，以免破碎；治大國一切政事當慎重措施，不可朝令夕改，反覆無常。小國取法於大國，故特別提示大國，其實小國亦然。王弼注：「躁則多害，靜則全真，故其國彌大而其主彌靜，然後乃能廣得眾心」。「我好靜而民自正」，以無為治天下，使天地萬物各安其性命之情，而無妖孽變亂之患，如此則上下協和，而德歸厚矣。

治大國、若烹小鮮。以道蒞天下，其鬼不神。非其鬼不神，其神不傷人。非其神不傷人，聖人亦不傷人。夫兩不相傷，故德交歸焉。

小鮮：小魚。烹小魚不可心急亂加翻動，恐其糜爛也。　蒞(莅)：臨也，監臨；蒞天下即治天下。

鬼不神、神不傷人：上神字作動詞解、靈也。俗人以禍福之來，皆由鬼神在冥冥中作威作福；國家亂，人生無保障，政府失卻信仰，一般人惟乞靈於鬼神以作安慰。昏庸之君，無自信之心，亦祈求鬼神庇佑（虢君求神賜土田，見左傳莊公卅二年）。禍亂愈甚，鬼神之事亦愈盛，若國家安樂，則人民之信仰重在政府，鬼神妖異之說，只供民間之閒談而已，故曰其鬼無靈，其神不傷人。「鬼不神，神不傷人」，乃連環文句，總言聖人在位，無亂世之奇災異禍，不須疑神疑鬼，鬼神皆不害人而已，不必逐字呆板解釋也。

聖人：指以道蒞天下之聖人而言。

大國地廣人眾，對于政治措施，尤宜慎重，不可輕率用事，以免引起糾紛，造成分裂局面；比喻烹小魚一般，不可隨意翻動，以免糜爛。治大國一切政令，當正確周善，秉要執本，循乎自然，無為而治，不可多事紛擾，以亂民心。——詩、檜風、匪風章、毛傳云「烹魚煩則碎，治民煩則散，知烹魚，則知治民矣」，即此義也。

虢太史史嚚曰「國將興，聽於民；國將亡，聽於神」（左傳莊公卅二年）。國將亡，在上者亂政擾民，民無保障，只有將生命委於冥冥中不可知之鬼神；未曾犯法，而罹无妄之災，無理可解，只可曰獲罪於鬼神而已，故慄慄畏懼，祈禱哀告，一切聽鬼神之按排。國家將興，有道之君蒞政，無為而治，帝德廣運，民間最信仰者為政府能造福羣眾；如此人人各安其自然，外無所煩，內無所畏，怪誕之說不生，疑懼之心不起，是以鬼神亦不作祟於人。

按世俗之說法，鬼屬陰邪，為害於人；神主正義，懲罰奸惡。但國家在有道者蒞治之下，人心淳厚，社會雍睦，不但鬼不傷人，而神因無惡可誅，亦不傷人；何也？蓋此時民心之中，只信仰在位之聖人能賞善罰惡，對於鬼神禍福，無實可據，只視之為有此一說而已。不但神不傷人，事實顯然，盜竊亂賊不作，人民各愛身家而不犯法，刑罰無用，故在位之聖人亦不傷人。

如此，鬼神不傷人，聖人亦不傷人，人民對鬼神無所懼，對聖人無所憾，視神聖為同一立場，只有尊敬之心，而無怨惡之情；於是上下和諧，兩不相傷，彼此之德，皆合於道，故曰「德交歸焉」。如此，天地間一切有形無形之事物各得其所，咸順其道，惟能治大國及以道蒞天下之聖人，始能為之。

六十一章

上章講：國之內政在乎無為而不擾民；本章講：國際外交在乎謙下而相雍協。兩章特別提示大國，茲特明示柔弱處下之理。小國欲圖自存，固須謙下；大國欲為盟主，亦須謙下；以謙德爭光，以柔弱勝強，「故天下莫能與之爭」（六十六章）。如不然，小國自不量力，妄想逞強，則必毀亡；大國以強凌弱，恃勢稱雄，引起公憤，亦難存立；此本章之旨也。——本章與第八章、六十六章、及七十八章，皆以水作喻，「水善利萬物而不爭」，柔弱而能勝剛強，臨政之態度應如此，外交之態度亦當如此。

大國者下流，天下之交。天下之牝，牝常以靜勝牡，以靜為下。故大國以下小國，則取小國；小國以下大國，則取大國。故或下以取，或下而取。大國不過欲兼畜人，小國不過欲入事人。夫兩者各得其所欲，大者宜為下。

大國者下流：下流為卑下之地，眾水匯歸之處。河上注「治大國者，當如居下流，不逆細微」。上章謂「治大國若烹小鮮」，本章則謂「治大國若居下流」也。王弼注「江海居大而處下，則百川流之；大國居大而處下，則天下流之，故曰「大國下流也」」。

交：會也，眾水所會合之處也。百川朝宗於海，猶許多小國交會於大國，以大國為會盟之中樞也。

牝：與牡相對。言大國能使小國歸服，小國能使大國扶植，皆非以強力，而乃猶如牝之引牡，全憑感召之力也。

下以取、下而取：下，謙抑自己，尊崇對方。取，取得信仰，取得友好。取亦可作「受」字解，禮記、喪大記「取衣者亦以篋」，注「取猶受也」。此處謂大國受小國之信任，小國受大國之領導。

呂惠卿云「下以取之者，言大之於小，宜若可以無下，而下之者，以取之故也。下而取之者，言小之於大，不得不下而取之故也」。

前人對於「以取」「而取」，解說不一，其實此乃行文之關係，於義不必強分。蓋自「故大國以下小國」，至「小國不過欲入事人」，皆為雙句相偶，故「或下以取，或下而取」，亦為雙句，分屬於大小國。大取小，小取大，其所取之實際不同，用「以」「而」二字，亦不能作分別。「以」「而」二字，有時用同、有時用異，如必言此處所用有不同之意味，則「以取」含有自然而容易之意味；「而取」則謂雖然屈己卑下，而卻能取得所願；「以」「而」二字仍然無大分別。

兼畜：兼，并也，自身所事而外，並理他事曰兼。畜，容也，言大國欲容納小國於其統屬之中，取得領導地位也。

入事人：言小國欲入於大國統屬中，以小事大，以受蔭庇。

大國欲取得領導地位，主持天下和平，並非恃武力撻伐而成功。大國之風度，應當以謙下為懷，應當以德感召，始能使天下賓服，故曰治大國若居下流。能居下流，始可使百川朝宗，為「天下之會」，使諸邦來歸；始能善得羣心，為「天下之牝」，使諸侯懷德。世事每因剛躁而失敗，物之牝者，常以靜勝牡，以靜為自下之道，故能取勝也。

靜而自下，能取人喜悅，能融洽感情，故治大國、治小國，皆當深明此理。大國對小國，能謙下有禮，自然可以取得小國之信仰，而甘心歸附。小國對大國能謙下有禮，自然可以取得大國之同情，而誠心照撫。大國謙下以取得小國之信仰，小國謙下而取得大國之同情，皆各有其用意也；大國不過欲兼畜小國，以納於統轄之內；小國不過欲求容於大國，以保其安定。但無論大國小國，欲得其所欲，皆必本謙下之德；大國最易傲慢，尤宜注意於此。

小國素在大國之下，本身自然謙下，大國往往高亢，不肯下於小國，故國際關係，最重要者為大國，「大者宜為下」，大國應首先以謙下自居，始能使小國親附，始能協和萬邦，為天下之盟主，故孟子曰：「以小事大者、可以「保其國」，以大事小者、可以「保天下」（梁惠王下）。

六十二章

本章頌美道之可貴。第四章及廿五、卅二、卅四、五十一各章，皆讚美道之功德，教人須重道修道。本章謂：道為至寶，願人人知其貴而求之。五十一章云「萬物莫不尊道」，萬物以道為主，皆不能離道，人類尤然；只要能略通道理，言行和善，便為高人一等，而況聖人明道之大全「神與化游」（淮南原道），其人生境界超出塵俗哉！公卿大夫之名位，即孟子所說之「人爵」；得道行道，即孟子所說之「天爵」（告子篇）；天爵為最貴，人爵不能與之相比，故宇宙間惟道為至貴，人豈可違道而趨賤。

道者萬物之奧，善人之寶，不善人之所保。

奧：河上注「奧，藏也，道為萬物之藏，無所不容也」。又，古時以室之西南隅為奧，尊者居之。又，禮記禮運「故人以為奧也」，注「奧猶主也」。道為萬物之奧，即言道為萬物之尊，萬物之主也。

道，包容天地，為萬物之母，亦為萬物之主，宇宙間一切事物，皆依道而存在。「道也者，不可須臾離也」（中庸），善人立身處世，以道為依據，絕不違離，如在道德與生命二者不可得兼之時，則決然「以身殉道」（孟子盡心上），不肯枉道存身，可見善人對道之寶貴。不寧唯此，莊子云「盜亦有道」（胠篋），盜之所以能生存，亦必依賴於道，假如他處處無理，一味橫行，必然速遭毀滅；所以不善之人，亦必以道為保障。

美言可以市尊，（美）行可以加人。人之不善，何棄之有？

此段首二句：河上及王弼本，皆作「美言可以市，尊行可以加人」，如此，則「市」下似有脫字。近人或作「美言可以市尊，行可以加人」，則「行」上似有脫字。按淮南道應訓、人間訓，皆引此文為「美言可以市尊，美行可以加人」，則淮南所據之本，於文為順。

市尊：市，交易也、利也、取也，在此處皆可通。尊：高也、敬也，謂言之美者，必合於理，可以換得良好之反應，被人尊敬。　加人：高於人。

普通之人，雖未必真善，而能發一合理之美言，便可得羣眾之重視；能行一合理之美事，則品譽便因之提高。若夫不善之人，若能改過自新，毅然歸道，「我欲仁，斯仁至矣」（論語述而），道亦不肯棄絕之，必然玉成之，使之與善人相同。

故立天子，置三公，雖有拱璧，以先駟馬，不如坐進此道。

三公：最高之爵位，周以太師、太傅、太保為三公。

拱璧：盈尺可貴之大璧，拿動時須双手抱之，以示慎重，故曰拱璧。

駟馬：四匹馬。古時公車、戰車，一車駕四馬，故曰駟。

坐進：謂坐而即可進修得道也。凡物之在外者，須奔馳以求之，道本在我，不待外求，故謂坐而即可進道也。吳澄謂「坐，跪也，朝聘之享，駟馬陳於庭，先執拱璧以將命，其禮重矣，然猶不如跪而進此道之貴也」。

世人以侯王公卿為可貴，信道之人則以為雖立為天子，封為三公，有厚幣駟馬之富貴尊榮，亦不如自己安然進入大道之鄉，「其窮也，使家人忘其貧；其達也，使王公忘爵祿而化卑」（莊子則陽）。

古之所以貴此道者何？不曰求以得，有罪以免耶？故為天下貴。

自古所以貴此道者何也？即謂：道之於人，有求必應，求則能得：善人得之以為至寶，享用無窮；不善人得之，可以免於罪而化為善。如此，故道為天下之至貴，未有能及之者也。

六十三章

本章首述無為之表德異於俗情。次述「無為而無不為」，圖難於易，為大於細，秉要執本之道。次述聖人察微知幾，雖小事亦不忽視，故能化難於無形，防患於未然。易曰「知幾其神乎」！（繫辭下）。此之謂也。

為無為，事無事，味無味。大小多少，報怨以德。

無為、無事、無味：「為」有所為而為，營求也。「無為」立身行道，並非私有所求，如孟子所云「經德不回，非以干祿也；言語必信，非以正行也」（盡心下），順道之當然而已。　事無事：上事字為動詞，作也，謂凡作事，不固執我見，如孟子所云「行其所無事也」（離婁下），不用私智，順事理之自然而為之。　味無味：上味字為動詞，尋味欣賞之意，下味字指事之理趣而言。「味無味」，凡事淡泊為懷，不受事物之牽誘，以理智約束感情，此中別有佳趣也。

報怨以德：論語憲問篇：或問「以德報怨，何如」？孔子曰「何以報德？以直報怨，以德報德」。孔子恐有人故藉「以德報怨」之語，以顛倒是非，故為之修正。直者、正也，不念舊惡，以正道相待，實跡亦為「以德報怨」。　老子講話主要之對象為侯王，侯王負治國之大責，非胸襟寬厚，化除私怨不可，漢王不究雍齒窘辱之怨，而封之為列侯，光武不追朱鮪殺兄之仇，而拜之為將軍；顧大體而棄私憤，非常人所能為。在上者能公而忘私，以德報怨，方克消除亂萌而利國家；故孔子亦云「以德報怨，則民有所勸」（禮記表記）。處事以合理為度，真理必不呆板，勿謂孔子定然反對「怨以報德」之言也。諺云「怨家宜解不宜結」，豈惟侯王當明此義？即普通人「怨怨相報」，有何意義？

一般人之作為，不圖名便圖利，大都有所為而為；聖人則「正其誼不謀其利，明其道不計其功」；乃無所為而為。一般人之行事，好以自己之成見決斷一切，大都有所事而事，聖人則順乎自然、因事制宜，乃無所事而事。一般人所嗜好者、多在物慾趣味之享受；道乃超乎物質者，無聲無臭、而聖人樂之，故曰「味無味」。

普通人糾纏於名利之中，重大而輕小、重多而輕少，對于大小多少，苦苦計較，因而相爭不下，積怨成仇；聖人淡於名利，以為名高者遭忌，「多藏必厚亡」（四十四章），故人皆爭先，己獨居後。「人皆求福，己獨曲全」（莊子天下篇），「終不自為大，故能成其大」（卅四章），無藏也，故有餘」（天下篇）。俗人所爭之大與多，聖人反而小看之，聖人所重視之大、為至大無外；所重視之多、為包羅萬有；此何物也？曰「道」是也。

普通人、投我以桃，報之以李；睚眦之怨，報之以重傷，大都輕以報德，重以報怨，甚至有以怨報德者。聖人則「犯而不校」（論語泰伯），被以野蠻而對我無禮，我不肯效其野蠻以與之結怨；難平之情，寬心順受，總欲以道德感化怨恨。耶穌有云「爾要愛爾之仇人」，對仇人不加報復，即為愛之，亦即「報怨以德」之義也。

圖難於其易，為大於其細。天下難事，必作於易；天下大事，必作於細。是以聖人終不為大，故能成其大。夫輕諾必寡信，多易必多難。是以聖人猶難之，故終無難矣。

本節首二句，河上本無「其」字，末句無「矣」字。

普通人對事，畏難而輕易；畏大而輕小，豈知「熒熒不滅，炎炎奈何？涓涓不塞，將成江河」（說苑敬慎篇金人銘）；事至難而後圖，禍至大而後悔，則每至無可挽救。聖人將難易大小等同一觀之，無所忽視，洞察事理之幾微，溯其本，探其源，明其因，知其變，圖難於易，為大於細，故能防患於未然，致治於未亂。蓋天下之難事必自易時興起，忽略易時，失卻機宜，其難必更多；天下之大事，必自小處作起，忽略小處，累積弊端，其大必不成；因此，故聖人不肯務大而略小，不肯捨小以為大，故終能成其大。

聖人之所以能察微見幾，全憑誠心以悟道，中庸云「誠則明矣」，凡事非誠心不能明理，非明理不能成功。以誠處事，則能慎重；以誠待人，則不失信；無誠之人，輕於然諾，故寡信用；對事輕率為之，故增困難。聖人反是，俗人認為事之易者，而聖人猶以為難，事無大小皆不輕視，故言有信而行有果，預審事中之難題，有備於先，篤行實踐，毫不疏懈，從容不迫，貫徹始終，故能化難為易，終無難矣。

六十四章

本章承上章之意，首述圖難於易、為大於細之義，以下反覆申明「為無為」之旨。王道云『孔子曰「無為而治者，其舜也歟」！而皋陶謨乃云「兢兢業業，一日二日萬幾」，夫知堯舜之無為，而兢業萬幾，則知老子之無為，而「慎終如始」矣』。少私寡欲，遵道而行，輔萬物之自然，是無為也；慎終如始，治之於未亂，是無不為也。

其安易持，其未兆易謀。其脆易泮，其微易散。為之於未有，治之於未亂。合抱之木，生於毫末；九層之臺，起於累土；千里之行，始於足下。

兆：朕兆，迹象，見廿章。 其脆易泮：脆同脃，物質之微硬而鬆，易斷易碎者曰脃。泮：散也，分化也。河上本「泮」作「破」，傅奕本作「判」，判亦分散也。

毫末：毫毛之尖端，細小也。 累：增也，累積也。或謂當讀為「蔂」，土籠也，盛土之器也，蔂土猶言蕢土也。

社會在安定之時，易於掌理，容易整頓；問題在未發之時，易於設計，容易解決；猶如脆弱之物，容易分碎；微小之物，容易消散；故一切事在未有困難之時而為之，便易成功；在未有亂端之時而治之，便易見效；此之謂「圖難於易」。合抱之木，由細小之幼芽而生成；九層之臺，由累積之寸土所築成；千里之長途，由一步一步之開始而達到，此之謂「為大於細」。

為者敗之，執者失之。是以聖人無為故無敗，無執故無失。民之從事，常幾於成而敗之；慎終如始，則無敗事。

上述難事由易時作謀，大事由小處着手；可以解困難於無形，化有事為無事，如此作為，好似無所作為，此即所謂「無為而成」（中庸）。否則不明無為之道，一任私心之所為，則多事紛擾，為之愈力，反而敗之；執之愈固，反而失之。是以聖人無為而為，「為之於未有」，故無敗；不事執着，「治之於未亂」，故無失。普通人作事，往往將近成功，反而失敗，此何故也？即因不明無為之義，對事以強力執行，易遭阻礙，不能貫徹始終之故也。假如對于所作之事，自開始即循理進行，慎終如始，直到最後永不懈惰，則無失敗之虞矣。

是以聖人欲不欲，不貴難得之貨；學不學，復眾人之所過。以輔萬物之自然，而不敢為。

復眾人之所過：河上注云「眾人學問反過本為末，過實為華。復之者，使反本也」。憨山亦謂：眾人之所欲者、功名利祿，「往而不返，皆其過也」，聖人則欲眾人之所不欲，而欲「返常合道也」。焦竑謂：復，反也，言眾人之過失，聖人皆反之也。王弼注亦同此意。又，復亦可作「除」字解，例如：蘇武傳「賜錢人十萬，復終身」，謂免除其終身之賦役也。

以輔萬物之自然：輔，助也。韓非喻老「輔」作「恃」，劉師培謂「恃」為「待」字之誤。焦竑謂『恃』作「輔」非，既曰自然矣，而又輔之，非自然也。今從韓非本」。然而易泰卦云「后以財（裁）成天地之道，輔相天地之宜」。論衡自然篇云「雖自然，亦須有為輔助之也」，則「輔萬物之自然」，自有義理；故河上、王弼及各家之本，皆作「輔」。又，易比卦「比，輔也，下順從也」。故王道謂「萬物有自然之理，無為，則順之而與物偕得；有為，則害之而與物偕失」。「輔」作「順」解亦通。

所以聖人處事，與眾人之居心不同，例如：眾人所欲者為珍奇異物、難得之貨，而聖人則欲眾人之所不欲，不欲眾人所欲之物，故不貴難得之貨。眾人所學者為機巧譎謀，用之以爭權奪利，而聖人則學眾人之所不學，不學眾人所學之事；對于眾人好貨財、啟紛爭，所以致過失之種種錯誤，一概反對而革除之。眾人徇私欲而「有為」，聖人順天道故「無為」。事物各有自然之理，「無為」則循其理以輔助之，使之各得其宜；「有為」則悖其理以強制之，以致失常生變，故聖人贊天地之化育，輔萬物之自然，而不敢自作聰明強有所為。

六十五章

本章之主旨在「不以智治國」。然所謂「非以明民，將以愚之」者，並非愚民政策，並非焚書坑儒，使人民無知，以便統治。「聖人在天下，歙歙為天下渾其心」（四十九章），使人心彼此渾同，爾不我詐，我不爾虞，風氣淳樸，邁向實行大道之大同社會。莊子云：「彼人含其明，則天下不鑠矣（鑠同爍，光耀浮華也）；人含其聰，則天下不累矣；人含其智，則天下不惑矣」（胠篋篇）。以道治國者，內藏我智，不啟人民巧詐之心；見素抱樸，不誘人民利欲之爭。「故至人之治也，掩其聰明，滅其文章，依道廢智，與民同出於公」（淮南原道訓），「依道廢智」，即本章所講「不以智治國」，政教所施，使人與人之間，各含其智，不作察察斤斤之明，故無是非利害之爭，淳淳兮其若愚，此即「非以明民，將以愚之」之目的。治國者本此原則，則可達乎玄德，而國大治，即所謂「至於大順」也。

——本章可與第十章、廿章、五十七章參閱。

古之善為道者，非以明民，將以愚之。民之難治，以其

智多。景龍碑作「多智」。

明民、愚之：明民、其政察察」，開啟人民機詐之心；愚之、「其政悶悶」(五十八章)，使人心渾厚，民風醇樸。

「堯舜帥天下以仁，而民從之；桀紂帥天下以暴，而民從之」(大學)；上有好者，下必有甚者焉。古之聖人以道治民，以身作則「去奢、去泰」，「不見可欲，使民心不亂」(廿九章、第三章)；正身無為，實事求是，使民無偽。是以世風淳樸，百姓各安其生，沌兮若愚，「皆曰我自然」，「帝力何有於我哉」？(十七章、及堯時民歌)，此即「非以明民，將以愚之」之政績。

人民之所以難治，即因情欲方面之知識發達，所欲愈多，智巧手段亦愈多，巧取妄奪，紛爭日起，是以難治。故善於化民者，不啟導人民之機心，而使人民歸於誠樸，「我好靜而民自正，我無欲而民自樸」矣！(五十七章)。

故以智治國，國之賊；不以智治國，國之福。知此兩者、亦楷式，能知楷式，是謂玄德。玄德、深矣遠矣，與物反矣，乃至於大順。

本節首句河上本無「故」字。末句王弼本作「然後乃至大順」。

楷式：法則也，準則也。謂「以智治國」與「不以智治國」，為害國福國之兩種準則也。「知此兩者亦楷式」，於上下文義不甚順，有人謂「知此兩者」之「知」字與下文重複，係衍字，當刪去，然刪去亦不甚順，只得沿舊文以解之而已。　「能知楷式」：此從傅奕、憨山等本。河上本及景龍碑作「常知楷式」。王弼本作「常知稽式」，稽、玉篇「稽，治也」。

玄德：見五十一章。　大順：順謂循理也，大順、治之極也。禮運：以家國天下之肥「是謂大順」，「肥」為康強無恙之意。祭統云「福者，百順之名也」，為治而至於大順，即國之福也。莊子謂：玄德「同乎大順」（天地篇）。

民多智巧，已不易治，「任智則民相盜」（莊子庚桑楚）；若治民者復用智巧之術以治之，朝三暮四，譎詐隱騙，則人民亦用智巧之術以應之，蒙蔽隱瞞，陽奉陰違，於是上下相欺，奸偽日滋，而國危矣！故曰「以智治國，國之賊」。反之若以道治國，不啟人民智巧之心，在上者以誠信待人民，則民情淳厚，服從領導，表面觀之，似乎憨愚，其實乃上下相信依，是故謀閉而不興，社會安樂，故曰「不以智治國，國之福」。

以智治國，與以道治國，為古今治亂興衰之兩大準則，能明此兩大楷式，而不以智治國，善於以道化民，是謂玄德；玄德深不可測，遠而無窮，與俗人所希求者相反，然而卻能為國家造福，達於大順至治之境。

六十六章

本章講聖君有謙下之德，故為天下所推尊。江海處於卑下，可作謙德之喻。俗人每好大言逞強，以顯其超羣出眾，「夫以出乎眾為心者，曷嘗出乎眾哉」（莊子在宥）；露其鋒鋩，欲加乎人以上，正所以惹人厭憎耳。聖人言必下人，行不爭先，處處謙下為懷，「人道惡盈而好謙，謙尊而光，卑而不可踰」（易謙卦）；故江海處卑下，而為百川之王；聖人守謙德，而為天下之王；眾心所歸，非權力所能爭取也。——本章可與第八章、六十一章、七十八章參閱。

江海所以能為百谷王者，以其善下之，故能為百谷王。是以欲上民，必以言下之；欲先民，必以身後之。

是以聖人處上而民不重，處前而民不害；是以天下樂推而不厭。以其不爭，故天下莫能與之爭。

王：荀子云「天下歸之，謂之王」。見卅五章。

欲上民，必以言下之：河上及景龍碑諸本，「欲」字上有「聖人」二字，此從王弼本。本章所有「民」字，景龍碑及敦煌庚辛諸本皆作「人」字。

馬其昶云「聖人欲崇上人，故以言下之；欲推先人，故以身後之；非謂己欲上人先人也」。馬氏之說固可通，對于所尊崇之人，當然言必下之；對于所推先之人，當然以身後之；然與本章之意不協。「上」為尊崇之意，聖人既在位為君，當然欲人民尊崇，不欲人民厭恨；君臨天下者，如妄自尊大，傲視人民，便失民心，能得民心之尊敬，政令始能實行；「愛人者人恒愛之；敬人者人恒敬之」；能得眾心之愛戴，方能稱君職，故必須對民謙下，是以「以言下之，以身後之」。

民不重：重，壓力也。言聖人在位，人民不感到有政治壓迫也。

樂推：樂於擁護尊奉。

第六十一章曾講：為大國者，必居下流；居下流，始能使萬水朝宗，以成其大。江海為水之最大者，其所以能為百川之王者，即因其善於處下，故能成為百川之王。以此推論，人中之王亦然，欲成其偉大，必須謙下。謙下之德，由言行可見，言為心聲，口作傳達；欲受人民之崇敬，必將謙和之情達於民心，故侯王自稱為孤寡不穀（卅九章），而且「受國之垢」（七十八章）；曰「罪當朕躬，無以爾萬方」、「百姓有過，在予一人」（湯誥、泰誓），此「以言下之」也。國之元首，以身作則，欲為人民之領導者，必須以人民為先，不敢自尊自大，不敢獨裁獨行，而是「以百姓心為心」（四十九章），「樂民之樂，憂民之憂」（孟子梁惠王下），先天下之憂而憂，後天下之樂而樂，此「以身後之」也。

聖君對人民，有居下處後之盛德，雖在上位，而其仁如天，為民父母，故人民不感有何壓迫；雖領導行政，居民之先，而是為國興利除弊，人民咸受其益，故無疾忌之心。是以天下人皆樂推尊之，擁戴之，而無厭斁之意。此何故也？易云「以貴下賤，大得民也」（屯卦），因其處下居後，有不爭之德，善得民心，故天下人未有能與之相爭者也。

六十七章

本章言道體至大無外，無物可比。道雖大，然「道不遠人」，若歸納之於人生行事，聖哲各有所悟之心得，得其要妙，大道甚夷，「千里之行，起於足下」（六十四章），只要肯前進，便可達於至善之境。老子於道中提出三寶，此三寶，驀然觀之，似甚平常，然持而行之，可以發揮廣大之妙用，不但為修身之寶，亦治國之寶也。

天下皆謂我道大，似不肖。夫唯大，故似不肖；若肖、久矣其細也夫。

此從王弼本。河上本首句無「道」字，末句無「也夫」二字。

肖：似也，類似也，相像也。此處言「道」無物可比，無物可以形容也。

久矣其細：久，舊也，時間長，曰久。言「道」如可以有形之物相對照，以作比擬，然則「道」亦為萬物之一耳，人類早已將其當作一物看待，豈非細小乎？

天下一般人，皆謂我所講之道廣大無涯，無象無形，不可捉摹，不可想像，似乎天地間無物可與之作齊等觀，此言是也！凡物之有形者，必有分限，皆可以等類別之，有等類，則有比擬；「道」為至大無外者，大象無形，不可名狀，故道與任何物皆不相肖，假若可以說「道」與某種事物相似，則道亦為天地間之一物而已，本來即為渺小，豈能成為「生天生地」（莊子大宗師），包羅萬有、無所不在之大道？故實行大道之聖人亦「蕩蕩乎，民無能名焉」（論語雍也）。

我有三寶，持而寶之：一曰慈，二曰儉，三曰不敢為天下先。慈故能勇，儉故能廣，不敢為天下先，故能成器長。今舍慈且勇，舍儉且廣，舍後且先，死矣。——夫慈，以戰則勝，以守則固；天將救之，以慈衛之。河上本首句「我」上有「夫」字。

持而寶之：王弼本作「持而保之」。韓非解老及河上景龍諸本，皆作「持而寶之」。吳澄作「寶而持之」。

成器長：韓非解老作「成事長」。按廿八章「樸散則為器，聖人用之則為官長」。器，指器用而言，等於功用，「器長」與韓非所謂「事長」相類，韓云「不敢為天下先，則事無不事，功無不功，而議必蓋世，欲無處大官，其可得乎？處大官之謂成事長」。王弼注「唯後外其身，為物所歸，然後乃能為天下利，為物之長也」。物即人物。憨山云「器者，人物之通稱」，成器長，謂成為「人中之最上者」也。與王弼說

同。王道云「成器，猶成材也。成器長，言其為天下君也」。俞樾云「成器、大器也，大器以言天下」。——總上諸說：「器長」為官長、人物之長、天下之長，意皆相似。

廣：大也、寬也，中庸「致廣大而盡精微」，廣大猶博厚也，此指財物寬裕富厚而言。

死矣：憨山謂「此死字非生死之死，如禪家所云『死在句下』，蓋死活之死，言其無生意也」。此死字猶如禪家所云死句、活句，此處猶如俗語所云「死板」，謂固滯不通也；可備一說。

救：廣雅釋詁云「救，助也」。

道雖廣大無涯，然在人生方面取其要領而實行之，亦甚平易；我於道中採取三寶：一曰慈、二曰儉、三曰不敢為天下先；此甚平易，此人人皆能實行者也。而一般人多不肯實行，我則奉持之，以為處世之寶訣。

世人所競尚者、為大膽勇敢、為財物廣厚、為爭先出頭；自表面觀之，三寶易持，而世人所尚之三者難為也。然三寶可以包羅彼三者，而彼三者最易失卻三寶。慈何以能勇？：慈者、仁也，仁慈發自赤誠，無所畏懼，孔子云「仁者必有勇，勇者不必有仁」（論語憲問）；孟子云「國君好仁，天下無敵」（離婁）。韓非解老：以慈母愛護弱子無所疑懼為喻，可知「慈故能勇」。儉何以能廣？簞食瓢飲，陋巷蓬戶，可謂儉矣，而其樂自足，故卅三章云「知足者富」。此處之「儉」字與五十九章之「嗇」字相通，不僅指節用財物而言，韓非解之云「智士儉用其財，則家富；聖人愛寶其神，則精盛；人君重戰其卒，則民眾，民眾則國廣，是以曰：儉故能廣」。不敢為天下先，何以能成器長？第七章云「聖人後其身而身先」，前章云「欲先民，必以身後之」，無私、無為、居後，始能得萬民之擁戴而為天下之長，故曰「不敢為天下先，故能成器長」。

當今天下之人，不重此三寶，不以仁慈之心培養勇氣，而慣好暴戾鬥狠；不以儉約之德蓄養富力，而專於貪多圖廣、奢侈虛耗；不以謙遜之度取人推崇，而惟憑強爭以出頭；如此逞勇、務廣、爭先，是以惹人疾忌，故每至悖理行險，死而不悟。

慈者，善之源也，三寶以慈為首，「天地之大德曰生」（繫辭下），慈即好生之德；與慈相反者莫如戰爭，自表面觀之，慈愛似乎不能用之於軍事，然由事之根本而言，伐暴安民，出自仁心，軍隊戰勝攻取之威，亦由慈而建立；能慈、故能善養士卒，使行陣和穆；能慈、始能鋤奸誅惡，使軍民合作。王道仁義之師，不輕易言戰，此中包括儉與不敢為天下先；但如不得已而必須用兵，因慈祥之德為軍民所擁戴，軍民亦自然忠心為國敵愾；故戰則必勝，守則必固，人民同心致命，民意即天意，此即所謂天助。平時以慈愛對待人民，戰時人民亦以慈愛之心，盡保國衛君之義，故曰「天將救之，以慈衛之」。

六十八章

本章借用兵之道以述不爭之德，亦即「不敢為天下先」之義。人禍由爭而起，人禍至慘者莫若戰爭，戰爭雖不可免，然亦須運用不爭之道，始能勝敵。故善掌兵者，素日不顯示威武，遇敵不意氣用事，臨陣不輕易交綏，必也養精蓄銳，作決定勝利之戰。用人以謙下為懷，善得人心，故人皆盡忠効力，共濟大事。不爭之德，能用之於軍事，可見「大道氾兮，其可左右」，(卅四章)在人善用之也。

善為士者不武，善戰者不怒，善勝敵者不與，善用人者為之下。是謂不爭之德，是謂用人之力，是謂配天，古

之極。

士：指武士而言，王弼注「士，卒之帥也」。　武：王弼注「尚先陵人也」。逞剛強欺壓人也。

怒：國語周語「怨而不怒」，注「怒，作氣也」，作氣即俗云「發脾氣」，此處言不意氣用事，憑理智以克敵也。

不與：對敵曰與，左傳襄公廿五年「一與一，誰能懼我」？漢書高帝紀「吾知與之矣」！史記燕世家「龐煖易與耳」；此「與」皆作「敵」字解，對敵即鬥爭也。景龍碑及傅奕本「不與」皆作「不爭」。——按「不爭」與下文「不爭」重複，「與」與上文之武、怒、叶韵，故「不與」為是。

配天古之極：此句疑有誤，只得勉強作解。配，合也。詩，周頌，思文「莫匪爾極」，疏「極，中正也」，即中正之道也。七十三章云「天之道，不爭而善勝」，善用兵者，亦不爭而善勝，不爭之德，合乎天道，此乃自古以來正確之道。——俞樾疑「古」字為衍文。

英明勇武之士，在戰時雖能身率軍旅，衝鋒破敵，而素日卻不顯其威武，故馮異引車避路，不與諸將爭功；韓信能忍私忿，甘受胯下之辱；此皆功業煊赫，一代之名將也。善於作戰者，不以怒氣動兵廝殺。項羽怒向漢王挑戰，漢王笑謝曰「吾寧鬥智不鬥力」，而氣焰蓋世之霸王，竟敗亡於漢兵。善於克敵者，以奇用兵，攻心為上，折衝樽俎之間，決勝千里之外，不戰而屈敵人之兵。善於用人者，並非憑擁權勢控制，使人不得不受利用，而是謙下仁厚，使人誠心效忠：武王尊呂尚為尚父，桓公尊管仲為仲父，屈己以尊人，故人樂為之用，而成王霸之功。

以上所述皆指用兵而言：不武、不怒、不與、為「不爭之德」，「以其不爭，故天下莫能與之爭」（六十六章）。「善用人者為之下」，故能「用人之力」，若自充高明，傲氣凌人，則人材避而遠之，左右皆唯唯諾諾之奴才，故遇敵則棄甲曳兵而逃，不戰而敗。

「不爭」與「謙下」，皆由「不敢為天下先」之義而引發，「天之道，不爭而善勝」，（七十三章），「天道虧盈而益謙」（易、謙卦），能不爭，能謙下，即合乎天道，此乃自古成功者所必遵之正大之道。

六十九章

本章復借用兵之道，以明三寶之重要。不作戰禍之首，必不得已而應戰，則用以逸待勞、以「柔弱勝剛強之術」（卅六章），從容與敵周旋，乘其隙，待其敝，爭取最後之勝利。吾不敢為主，並非因我之武力薄弱而然也。雖有強大之兵力，亦不肯輕敵，「善者果而已矣」（卅章），主戰、輕敵、是「樂殺人者也」。好戰嗜殺，塗炭生靈，虛耗人力物力，只為逞強爭雄而已，如此喪失三寶，窮極兇惡，未有不敗亡者也。

用兵有言：「吾不敢為主，而為客；不敢進寸，而退尺」。是謂行無行，攘無臂，扔無敵，執無兵。

主：主動戰爭，即發動戰爭以肇兵禍者，不敢為主，即禮記月令所謂「兵戎不起，不可從我始」也。

客：對主而言，被主動者所迫，不得已而應戰，故曰客。

進寸退尺：居心好戰者，雖進攻困難，而仍然打硬仗，寸寸前進。退尺者，敵人來勢驍悍，我暫且遠避其風頭，使之得不到攻擊之目標，老其師而衰其氣，我則乘機而攻，爭取主動。

行無行：上行字讀為行走之行，下行字，讀為軍隊行列之行。言雖行軍，而敵情已在我掌握之中，我為主動，並非嚴陣列隊，待敵來攻也。

攘無臂：攘臂見卅八章。攘無臂，言敵人已陷於敗勢，不敢與我接戰，已無須袒臂作殊死戰也。

扔無敵：此句嚴遵及傅奕本，與下句之位置互易，此句移在「執無兵」之下，蓋以與上二句相連，行與兵為韻，臂與敵為韻，為隔句押韻之安排也。茲仍從河上及王弼諸本，未加改移。——扔或作仍，見卅八章。扔，就也，言往就敵人而擊之，敵人不支，猶如無敵也。

執無兵：此「兵」為武器，言手中雖執兵器，而不待廝殺，敵已望風而潰，兵器無所用，等於未執兵器一般。

兵原為保國衛民之用，不當用之作侵略工具。所以古之兵家有言：我不敢主動戰爭，掀起戰禍，製造殺人流血之慘劫；我乃制止暴亂，抵抗侵侮，不得已而應戰。我不敢視人民如草芥，驅士卒於死地，故意攻堅、打硬仗以圖一分一寸、得不償失之前進。我看到敵方兇猛，其勢未可乘，決不輕犯其鋒，免受無謂之傷損，只得暫且退避周旋，以增敵人之驕氣，以耗敵人之精力，伺其隙，待其懈，相機襲擊。敵為寇盜，而我理直，敵兵橫逆，而我軍慨憤，敵勞而我逸，敵驕傲而我嚴肅，敵輕躁而我鎮靜，此種種因素，配合成熟，敵人已入我彀中，我已爭取主動，前所謂不敢為主，不敢進寸，現在則敢為主，敢進攻，以奇取勝，消滅敵鋒。

能運用上述之戰術，故「行無行，攘無臂，扔無敵，執無兵」。蓋不善用兵者，逞強作私戰，寸寸前進，深入險境，故嚴整行陣，寢食不安；故遇到埋伏，攘臂肉搏；故身不離馬，手不釋兵；故四面受敵，陷於重圍；用兵到如此地步，雖有拔山之力，蓋世之氣，無顏以對傷亡之士卒，若尚知愧心，只得拔劍自裁矣！

故善用兵者，常以後為先，以退為進，常制敵而不為敵所制，故行軍穩重，動靜適時，無須常列攻擊之陣勢，免得妄增疲勞，及時機已至，攖戰襲敵，風聲鶴唳，皆助我之威，我軍如入無人之境，兵不血刃，而敵潰矣，此所謂不戰而勝也。

禍莫大於輕敵，輕敵幾喪吾寶。故抗兵相加，哀者勝矣。

寶：即六十七章之三寶。本意偏重慈寶。 抗：對抗也，敵也。 相加：加為陵乎其上之意。此處言互相殺戮，互相加害也。

善戰者並不輕敵，應敵必須慎重沉着；輕敵輕戰，則易敗，敗則傷民命，耗財力，挫國家之威勢，其害甚大。輕敵則戕害生靈，損兵折將，不能持守三寶，為兵家之大忌，若真失卻三寶，則必致喪師辱國之禍。

故兵家不輕易言戰，蓋兵凶事也，違反慈道，聖人伐暴戡亂，出於仁慈之心；禦敵捍患，發自哀憫之情；是以能得士卒之同心，互相哀矜，人思奮戰，衝鋒殺敵，定必勝利，「慈故能勇」，故曰「哀兵必勝」。

七十章

本章慨嘆世人不肯知大道，不肯行大道；明道者，只有抱一守真，與道同隱而已。孔子見道不行，亦自嘆曰「莫我知也夫」！「知我者，其天乎」！（論語憲問）。舉世滔滔，悖理違道，苦心濟世者，有同慨焉。

吾言甚易知，甚易行；天下莫能知，莫能行。言有宗，事有君。夫唯無知，是以不我知。知我者希，則我者貴。是以聖人被褐懷玉。

言有宗、事有君：宗、主也，君、亦主也。王道云「談道謂之言，論事謂之事，其實一也。聖人之言道與事，非漫然而為之說也，皆有主意存乎其間」。謂有義理在其中以作主宰也。

則我者貴：敦煌本作「則我貴矣」。河上注「惟達道者乃能知我，故為貴也」。吳澄注「知我言之可貴者少，此我言之所以為貴；若使人人能知我之言，則我與眾同，不足貴矣」。王弼注亦同此意。憨山謂「則、謂法則，言取法也。若能當下頓悟此心，則立地便是聖人，故曰則我者貴」。

被褐懷玉：身被粗劣之服，懷揣珍貴之寶。王弼注「被褐者同其塵，懷玉者寶其真也」；此正與「金玉其外、敗絮其中」者相反。

老子說：我以無為自然之理為本，以謙下不爭之德教人，我所講之道，皆易知易行。然而天下人為俗塵所蔽，迷於物欲，惑於名利，專好逞強爭勝，反以謙下不爭為卑懦無能，此乃世人不明「謙尊而光」（謙卦）、及「不爭而善勝」

之理，故不肯實行，非不能實行也。

世人為何莫能知、莫能行？因我所講之道，雖然至易至簡，然而乃由大道之本源開發而出，其中有至深至遠之理為主，所謂「言有宗而事有君」也。若夫聞我之道，而能深信不疑，並力行不怠者，惟有志之上士能之。有人以為謙下不爭，簡單平庸，何足貴乎？甚至有人聞之而大笑曰：謙下不爭，老實無能，何足道哉？——彼等不知事理之根本，不知無為之妙用，甚矣！道之難明也！

世人滿懷粗浮虛妄之想，無睿明正確之知識，所以不了解我所講之道，其不了解道，道並無所損；了解吾之道者愈少，愈足徵我之道為可貴；假如我所知之道，亦如俗人所知者同，則我亦俗人耳，有何可貴？

我本欲以道覺世，非願自貴於人，但世人既迷於妄知妄見，而不崇尚真知灼見；我只得學聖人處亂世，「被褐懷玉」，外同其塵，內寶我真，無乖於世，抱道以終。——「萬世之後，而遇一大聖知其解者，是旦暮遇之也」，有何憾哉？（莊子齊物論）。

七十一章

本章戒世人、不可強不知以為知。莊子云「知其愚者，非大愚也；知其惑者，非大惑也；大惑者終身不解，大愚者終身不靈」（天地篇）。大惑大愚、不知其惑、不知其愚，而自以為有知，所謂「愚而好自用」（中庸），任意行事，裁必及身，故大愚亦即大病。聖人有睿見之明，學眾人之所不學，欲眾人之所不欲（六十四章），故不患眾人之病。

知、不知，上；不知、知，病。夫唯病病，是以不病。聖人不病，以其病病，是以不病。

知不知：知與不知之對象、皆指道而言。　病病：上病字、作憂字解，作患字解、或作恨字解、皆可。下病字、即疾病之病、謂其能害人，甚至致人於死者也；此指謬妄之見解而言。

道體廣大玄妙，「及其至也，雖聖人亦有所不知焉」（中庸），故對于道已有深切了解者，而自己以為所知未足，不知者尚多，此為最高明之上等學者。若稍有一知半解，對人生之道茫然不識其真諦，而反自以為是明道之人，此乃虛妄之病作祟也。

夫惟知虛妄之病為人生之大患者，始肯急於求知以防此病，所以能自強不息，學以達道，而免此病。

聖人決無此病，因其深知此病之嚴重性，故對天下事理，破除妄見，立於真知之境，以觀其妙，所以不患俗人所患之病。

七十二章

本章警告為政者，不可用威權以壓制人民，苟政嚴法，威脅過甚，則人心思亂，起而以暴力相抗，於是大難至矣。如能效法聖人無為之治，則人民自然歸化而悅服矣。

民不畏威，則大威至。無狹其所居，無厭其所生。夫唯不厭，是以不厭。　是以聖人，自知不自見，自愛不自貴；故去彼取此。

大威：即大害，指天下大亂而言。

無狹其居、無厭其生：狹、隘也，有窘迫之意；王弼本作「狎」，狎、排擠也，與狹相通。厭、同壓、壓迫也，壓榨也；言治天下者，不要窘迫人民使之不得安居；不要壓榨人民使之不得生活。

夫唯不厭，是以不厭：上厭字即「無壓其所生」之壓，下厭字作厭惡解。

為政者不「以正治國」，惟憑威勢以壓制人民，及至人民不能忍受之時，索性揭竿而起，不怕爾之淫威，眾怒洶洶，以爾為敵，則爾之大難臨頭矣！

為政者在名義方面，古稱為「民之父母」，今稱為「人民公僕」，無論以何等名義自居，萬不可私心用事，惟求自利，假借政權，密設法網，使人民動輒得咎，不得安居；使人民失卻自由，無以聊生，是即迫之走入「犯上作亂」之途也。只要在位者不壓榨人民，則人民亦不厭恨政府，於是上下相安，豈不庥哉！

是以聖人明道於心，雖滿腹經綸，決不故意有所作為以表露才能；進德修業，雖自愛其身，決不願加乎人之上以顯示自己尊貴。是以聖人治天下，絕不用威嚴手段以鎮壓人民；而必取「無為」、「處下」之態度，使人民樂於遵從，故曰「去彼取此」。

憨山講本章之意云：唯國之大罰與天地之肅殺，乃大威也，此借以為戕生傷性者之喻。世人以為小惡不足戒，而不知畏，必致殺身而後已。此民不畏威，大威至矣，喻世人只知嗜欲養生，而不知其養生者，皆足以害生而可畏也。且若嗜酒色，必死於酒色；嗜利欲，必死於利欲；是則但有所嗜，而不知畏，必至於戕生傷性而後已，此不畏威，故大威至矣！

王道以此章為教人知足寡欲之意，謂：威，可畏者，大威，則人禍天刑之慘者也。——人若不畏威，則忘生以徇利，行險以徼倖也；卒之違天悖道，抵法犯禁，而殃咎及之，大威至矣！故戒之曰：居處取其容身足矣，不可狹現在之居，而妄想廣廈華屋之侈；衣食取其養生足矣，不可厭現在之生活，而妄想錦衣玉食之享受；夫如是，則知足常樂，我不厭我現在之生活，現在之生活亦足如我之所願；常享安寧之樂，不蹈危殆之境，大威無從而至矣。是以聖人知天知命，而不自耀以出眾；自愛自重，而不圖世俗之榮；不自見，不自貴，外物無所動於中，是以去彼厭狹之私，而取此不厭之道。

七十三章

本章首段戒剛強，四十章云「弱者道之用」，柔弱方能勝剛強。後段講道之用，體用不離，道之體為不爭、不言、不召、繟然；其用則是善勝、善應、自來、善謀。道體無為，其用則無不為，道體大而無所不包，其用則細而無所遺。世人竟敢逞強顯勇，與道相抗衡，「天網恢恢，疏而不漏」也。

勇於敢則殺，勇於不敢則活，此兩者，或利或害。天之所惡，孰知其故？是以聖人猶難之。「是以聖人猶難之」景龍碑無此句。

殺：死也。如孟子盡心下「周于利者，凶年不能殺」。

惡：各家多作憎恨解。其實亦可作「何」字解，如孟子云「天下惡乎定？」言天下如何能安定（梁惠王上）。此處「天之所惡」，言天對事所以如何處理者，誰能知其原故；言世事原因複雜多端也。

凡大膽兇猛之徒，最易闖入險境，死於非命，故四十二章云「強梁者不得其死」；凡勇於退讓之人，必能避免衝突，明哲保身，故廿二章云「曲則全」；此乃人情世事之常理。雖然大膽妄為者，或可贏得目前之利，然而此乃誖亂不經之事，世人鑒此，遂蔑視常理，行險以圖僥倖，豈非故意糊塗？

天道遼大，世事複雜，因果隱顯，難於窺測，雖有反常之事，但不了解其事之底蘊，目前此反常之現象，何以如此？其遠因如何？後果如何？天道必有其自然之按排，此中之原委，聖人猶難盡知，而況吾儕常人乎？故凡事仍須以常道為本，不可悖理而行，妄圖爭勝於一時，因為天道難測，人之強橫不能勝天也。

天之道：不爭而善勝，不言而善應，不召而自來，繟然而善謀。天網恢恢，疏而不失。

景龍碑末句作「疏而不漏」。

繟然：說文「繟，帶緩也」。繟然為寬舒貌。或作「墠然」，王羲之本作「坦然」，墠坦古通用。或作「綽然」，綽，寬也。

恢恢：說文「恢，大也」。恢恢，廣大貌。

天之道「不爭而善勝」，人之惡者，天未嘗顯然與之計較，然而惡人無論如何兇悍，決不能叛出天道之外；「以其不爭，故天下莫能與之爭」，惡人終必受天理之制裁。天之道「不言而善應」，寒來暑往，四時運行，未嘗宣布命令，而萬物莫不應時而化。天之道「不召而自來」，「惠迪吉，從逆凶，惟影響」（大禹謨），善惡積於身，禍福暗中伏，不召而自至。天之道「繟然而善謀」，妙道自然，若無所營，而其實潛移默運，正是「無為而無不為」，人謀未有能勝天謀者也。

天之道包羅萬有，可比如一具大網，廣大無邊，可稱之曰「天網」，世人以管窺天，只見其一曲，而不能觀其大全，見到強盜得勢，善人遭殃，遂以為天網疏闊，多有漏失。惟能「原始要終」而明其變化，探賾索隱，而識其精微，始知「天網恢恢，疏而不漏」也。

七十四章

本章警告為政者，不可用嚴刑峻法威脅人民，若偪得人民挺而走險，死且不懼，則大威至矣！季康子問政於孔子曰「如殺無道，以就有道，何如」？孔子曰「政者，正也，子帥以正，孰敢不正」？「子為政，焉用殺？子欲善而民善矣」（論語顏淵），與本章之意同。末段又戒操刑罰生死之柄者，不可私意枉殺，以免害人害己。

明太祖當日讀本章「民不畏死，奈何以死懼之」之語，惻然有感，乃罷極刑而因役之，其所作道德經序有云「朕知斯經乃萬物之至根，王者之上師，臣民之極寶，非金丹之術也」。

民不畏死，奈何以死懼之？若使民常畏死，而為奇者吾得執而殺之，孰敢？

常有司殺者殺，夫代司殺者殺，是謂代大匠斲。夫代大匠斲者，希有不傷其手矣。

河上本作「常有司殺者，夫代司殺者」，此從王弼本。傅奕本「夫」字作「而」字。

奇：邪也。王弼注「詭異亂羣，謂之奇也」。

司殺者：指天道言。　代司殺者：指假公濟私、偽託天道者言。

用高壓手段以控制天下，施行虐政，毒痛蒼生，一旦人民起而反抗，便不顧生死，與爾拼命！須知民不畏死也，為政者為何執迷不悟，每以「死」恫嚇人民？假如人民定然怕死，則邪惡犯法之徒，我得捕而殺之，誰敢再起而效尤？但事實不然，自古未嘗廢止刑罰，而犯法者亦仍然不絕。

不務德政，而徒賴嚴法以維持秩序，則昨有十人棄市，今有百人謀反，故管子牧民篇云「刑罰不足以畏其意，殺戮不足以服其心。故刑罰繁而意不恐，則令不行矣；殺戮眾而心不服，則上位危矣」！五十七章云「法令滋彰，盜賊多有」，可見刑殺之威，不足恃也。

為政者果能應天順人，以德化民，則民安於政，必皆樂生而惡死，此時如有姦宄之徒，出而擾民，故意違反天道，此乃彼自甘尋死，照例有司殺者殺之，如法處分，此即列子所謂「天罰」（力命篇），亦即受天理之懲罰；司殺之權屬於天，對于巨奸大惡，天經地義應處以極刑，並非為政者有意殺之。而世上一般執政者，往往憑私意而枉殺無辜，反而自稱替天行道，執法公正；此分明為竊司殺之權，洩個人之怨，此之謂「代司殺者殺」；此種作為，好比自己不懂技工之術，而代大匠斲木，僭分妄為，稀有不傷其手者。為政者如此，危險便落於自己頭上。

七十五章

上章戒為政者不可嚴刑殺戮；本章講嚴刑殺戮之起因、因為民飢、難治。民飢則易於犯法，犯法者多、藐視政令，故難治。民之飢、由於賦稅繁重，在上者為厚其生，貪求無厭，享受奢靡；人民亦為厚其生而反對橫征暴斂，於是乃輕死以與當政者為敵。故厚其生者，適所以害其生也。

民之饑，以其上食稅之多，是以饑。民之難治，以其上之有為，是以難治。民之輕死，以其求生之厚，是以輕死。夫唯無以生為者，是賢於貴生。

以其求生之厚：傅奕本作「以其上求生之厚也」。與上文「以其上食稅之多」、「以其上之有為」，句法一律，皆指在上者而言。景龍碑及吳澄本皆作「以其生生之厚」，則與五十章「以其生生之厚」同意，乃指人民求生之厚而言。——此從河上王弼諸本。

無以生為：謂為政者不為私人之生活享受而有所為；亦即不以富貴

為目的，亦即不貴其生也。

是賢於貴生：賢，作善字解，貴生，即愛其生。

民之所以難治，國之所以多難，其原因大抵在乎上，而不在乎下。民間飢寒則盜賊生；在上者為防亂，則法令繁。民間何以飢寒？因在上者多食民脂民膏，苛捐雜稅太多，使人民困苦無以自給，故飢寒。飢寒則社會不安，不安則施行嚴法鎮壓，壓力愈大，民怨愈深，於是人心思亂，所以難治。

堯有洪水之患，湯有大旱之災，而「國無捐瘠」，天下宴然，何也？因上下相安，甘苦相共，故能同心協力，共濟時艱也。若夫昏暴之君當政，雖無天災，而人民不得安生，是以作奸犯科，冒險輕死，無所畏忌，何也？在上者富貴享受，奉養過厚，奢靡無度，貪求無厭，「朱門酒肉臭，路有凍死骨」，引起人民之奢欲，引起盜竊亂賊，是以人民輕其死，挺而走險，甘冒大不韙，犯上作亂曰「彼可取而代也」（史記項羽紀），於是上位搖搖，夕不保朝矣！

假使在上者，能「以身為天下」（十三章），不迷信富貴虛榮，不以私人之享樂為目的，以身率正「我無為而民自化，我無欲而民自樸」（五十七章），則上下一體，天下太平。人君之德如此，善愛眾生，亦即善愛其自己之人生者也。

七十六章

本章舉柔弱與剛強相比，以明其得失。柔弱屬於無為，剛強屬於有為；無為順適自然，有為困於多事。故有道者處世，以柔弱為貴，與世無爭。

人之生也柔弱，其死也堅強。萬物草木之生也柔脆，其死也枯槁。故堅強者、死之徒；柔弱者、生之徒。是以兵強則不勝，木強則兵。強大處下，柔弱處上。

柔弱、堅強：指人之形體而言。　柔脆、枯槁：指草木之形質而言。

木強則兵：兵指刀斧類之械具而言。言樹木壯大，則被刀斧砍伐也。——河上及王羲之景龍諸本皆作「木強則共」，河上注云「木強大、枝弱共生其上也」，以與下文「堅強處下，柔弱處上」相照應；此解實為勉強。或謂「共」讀為「拱」，謂合抱之木，將遭選伐也；此亦為強解。列子黃帝篇、淮南原道訓皆作「兵強則滅，木強則折」，故俞樾謂「老子原文作『木強則折』，因折字闕壞，只存右旁之斤

，後人遂誤以斤為兵，兵字則又「兵」字之誤也』；此說頗為近理

道體沖虛，以弱為用，無形無象，為天下之至柔，實難作具體之說明，所以舉出有形之物類，以作簡單之比喻：

人物之生，俱稟受道之沖和之氣而生，其死必為消失沖和之氣而死。試看：人在生活之時，身體柔軟靈活；死後，則變而為強硬。草木生時，形質柔弱；死後，則變而為枯槁。——沖和之氣消失，則由柔弱變而為堅強枯槁。由此觀之，凡堅強者，雖未必死，而實屬於死之類，因其有死之趨勢也。柔弱者，雖若委靡，而實屬於生之類，因其有生活之潛力也。所以兵勢過強，則恃之而驕，反而不能取勝，如左傳所載：秦兵過周，超乘三百，竟敗於崤；齊兵入晉，禁石投人，竟敗於鞌（僖公卅三年、成公二年）。樹木壯大，則引工匠注目，因而遭受砍伐。

由以上之比喻，便可推想到人生處世之理，凡自表強大，好爭先、好出風頭者，必為人所疾忌，結果遭受打擊，倒在眾人之下。凡柔弱自守，甘退讓、不露鋒鋩者，必能超然自得，結果人皆慕其清高，尊其人格。所以守道之人處世，以柔為貴，柔者和諧自然；道體乃天下之至柔者也。

七十七章

本章借張弓一事，以喻天道之公平：「損有餘而補不足」。聖人體天道以治人事，以己之所長以奉天下，亦即以己之德澤以利天下；然而並不故意顯示其勞績，故功成而不居，聖人與天合德也。

天之道，其猶張弓乎？高者抑之，下者舉之，有餘者損之，不足者補之。天之道，損有餘而補不足；人之道則不然，損不足以奉有餘。孰能有餘以奉天下？唯有道者。——是以聖人為而不恃，功成而不處；其不欲見賢。

張弓：說文「張，施弓弦也」。王道云「張弓者，弓人調理弓幹，使之和平可用」。弓弰兩端，弦之位置，高者抑之，下者舉之，使弦在兩端位置平衡，其彈力始能平衡集中。

見賢：表現自己賢能。

天道無為，無為則無私，無私則公平，所以說天道中有一部分作用猶如張弓施弦一般，弓弰之弦位須平衡，高者抑之使低，低者揚之使高；此即等於說：對于有餘者減削之，勿使之過盛；對于不足者補充之，勿使之過乏；天之道，恰是如此，損有餘而補不足；盛暑將臨，陰氣暗動；嚴寒將至，陽氣潛生；陰陽調和適時，予萬物以平等之待遇，使之各遂其生。而人多不依照天道行事，反而損不足以奉有餘，試看為政者，掊克聚斂，剝削窮民，扶植財閥，壟斷貨利，致使富者愈富，貧者愈貧，遂引起盜竊亂賊之禍。

誰能體天之道「裒多益寡」（謙卦），博施濟眾，以己之有餘，救貧之不足；惟有道之聖人，能公而忘私，解衣推食，以利人群。

所以聖人法天行道，救人濟世，為而不恃己能，成而不居其功，不願有特權之享受，故不願表現自己之功能，不但不肯損人以奉己，而且己有所餘以奉天下。

七十八章

第十章、卅六章、七十六章、皆講守柔為強之義。第八章、卅四章、四十三章、六十一章，皆以水喻道，取乎水性至柔，以不爭之德勝天下之至強。本章則又以水之柔、比喻道體之柔，以說明柔弱勝剛強之理。此理眾人雖知之而不能行；惟聖人深悟道體，能知能行。眾人知而不行，等於不知，「道在邇，而求諸遠；事在易，而求諸難」（孟子離婁），故老子云「吾言甚易知，甚易行，天下莫能知，莫能行」（七十章）。老子之言、明明為正言真理，而俗人之心理與之相反，俗人以為：柔弱何足取？剛強乃可貴，不爭乃無能之表現；人之所希求者：為所爭能勝，所求能得；剛強方可取勝，不爭則無所得；老子之言、正是眾人所想之反面，故曰「正言若反」。

天下柔弱莫過於水，而攻堅強者莫之能勝，其無以易之。弱之勝強，柔之勝剛，天下莫不知，莫能行。

首句王弼本作「天下莫柔弱於水」，此從河上及景龍本。「莫不知」，景龍碑作「莫能知」。

是以聖人云：「受國之垢，是謂社稷主；受國之不祥，是謂天下王」。正言若反。 王弼及景龍本「不祥」二字上無「之」字。

無以易之：謂水之攻堅，非他物可以代而易之，亦即言他物皆不及水之力量，故王弼注「以，用也，其，謂水也，言用水之柔弱，無物可以易之也」。如有可以代之者，則是又有勝過水者矣。 河上注「夫攻堅強者，無以易於水」；言攻堅強者以水最為容易，亦即言水之力量為最大。

憨山謂「易，輕易也」，謂世人皆輕視柔弱，水雖柔弱而能攻堅，不可輕易視之也。 魏源謂「柔弱勝剛強，老子屢言之，而人多易視之者，故知之而莫能行，乃於書之將終，復舉而言曰：吾之此言，慎勿視為易易也」！

受國之垢：垢，汙也。言為國家忍受垢辱也。晉大夫伯宗曰「川澤納汙，國君含垢，天之道也」（左傳宣公十五年），君為一國之主，國家敗落，當然引為自己之恥辱，不敢自赦，故武王曰「百姓有過，在予一人」（泰誓）。

受國不祥：此句與上句同意。不祥，即禍，言為國家而勞心受苦也；如商湯以天旱，自為犧牲，禱於桑林，以示代民受罰。

正言若反：正當之言論合於道，而與俗情相反，如守柔、謙下，本可受益，而世人視之正相反也。

水能隨物體之方圓曲直而無所不容，可見天下之物，未有柔弱如水者，然而水能流大物，轉大石，穿出石崖，沖毀堤岸，其攻堅破強之力量，未有能勝之者。柔弱未有能及夫水者，而攻堅之力量，亦未有能代替之者也。

水弱而能勝強，柔而能勝剛，天下人有目所共睹，皆見而知之，然而不悟其理，乏人實行，皆以剛強之勢可勝柔弱，不能用柔弱之道以勝剛強。

惟有道之人，能悟道體，以弱為用，與道相從。是以聖人說：能為國家受屈辱者，始能為社稷之主；能為國家擔憂患者，始能為天下之王；是以「禹湯罪己，其興也浡焉；桀紂罪人，其亡也忽焉」（左傳莊公十一年）。世人皆知反對屈辱與患難，而欲以剛忿對屈辱，以強躁禦患難，因而剛忿敗事，其辱愈深；強躁受挫，其患愈重。明道之人，以柔弱之道發揮妙用，能受國之垢，包羞忍辱，如太王之事獯鬻，力圖自強；能受國之不祥，臥薪嘗膽，如越王之事吳，終克大難。諺云「失敗為成功之母」，孟子云「生於憂患，死於安樂」（告子下），皆「正言若反」之義也。

七十九章

本章講：為人處世、當以和善之度、弭怨而積德。反之、若積怨成仇、始設法調解、則已難於補救矣。作人如此、治國亦如此、必須以德化民、不可苛責於民；要求過甚、則怨讟生。尚書太甲、伊尹曰「惟天無親、克敬惟親；民罔常懷、懷於有仁」、若悖天道、失仁德、惹得天怒人怨、則即陷於天人共棄之境矣。

和大怨、必有餘怨、安可以為善？是以聖人執左契、而不責於人。有德司契、無德司徹。天道無親、常與善人。

左契：契、券契也、契約也。券契分為左右兩幅、双方各執其一、合之以為憑信。例如賣貨物者、將左契留為存根、右契則予購物者執之、以作取物之證據。史記平原君傳「事成、操右券以責」。故左契只待合證而已、右契則有責取之作用。

徹：徹為周朝稅法之名、孟子滕文公上「周人百畝而徹」、趙注「耕者百畝、徹取十畝以為賦、徹猶取也」。詩、鴟鴞「徹彼桑土」、毛傳「徹、剝也」、朱注「徹、取也」。故此處之徹字、乃借作聚斂民財之喻、非謂徹法必為惡事也。

吳澄憨山之注，皆取此義。

俞樾云「徹與轍通，有德司契，無德司徹，言有德之君，但執左契合符信而已；無德之君，則皇皇然司察其轍迹也」。高亨云「徹，當為殺，古文形近而誤。有德司契者，謂有德之君，秉要執本，而不責於民也；無德司殺者，謂無德之君，繁刑嚴誅，而肆威於民也」。此說雖可通，然而各家之本，皆作「徹」，不宜擅改，故仍以「徹法」之喻，作「取」字解為妥。

人與人為何有怨恨？因為一般人不能修身克己，而硬向他人有所責求，彼此相責不已，於是怨恨乃生；大怨既成，互相仇視，互相抵防，然後乃設法和解，則前事不忘，仍然有餘怨在心，此豈可謂善策？

聖人處世之態度，猶如手執左契，靜以自持，其契合於我，而有所責於我者，為事所當然；其不契合於我，我亦無所責於彼；不涉俗情，恩怨兩忘，根本不發生怨恨，何須調解？中庸云「正己，而不求於人，則無怨」，即此義也。

司契券者，受人責求，司徹稅者，責求於人，以此作喻，司契不若司徹之為得。然受人責求為施善，責求於人必致怨；故有德之人，自利利人，比如借物司契者；無德之人，只務向人責求，比如苛斂民財者。人心喜歡善人，反對惡人，天道尤然；天道廓然大公，無所私，無所親，然而「福善禍淫」，常助善人，無德者，可不知所儆乎！

八十章

本章為一淳樸社會狀況之縮影。有人謂：此乃老子所欲試辦無為而治之理想社會。有人謂：此乃老子所設想之「烏托邦」社會。嚴復謂：「此古小國民主之治也，而非所論於今矣」。莊子胠篋篇引述本章，稱為「至德之世」，又，馬蹄篇，亦述至德之世云「山無蹊隧，澤無舟梁」，及山木篇所述「建德之國」，其民「少私寡欲」，皆類乎本章所述之社會。胠篋篇謂：羲、農以上之社會即如此。

呂惠卿云「三代以來至於周衰，其文弊甚矣，民失其性命之情，故老子之言救之以質，以反太古之治」。然則老子所思古樸之風，猶後世所慕三代之盛也。生乎今世固不能返回古代，然太古之淳化，三代之盛治，不可謂其不美，生當亂世，不能不令人嚮往也。如謂此乃老子所假設之理想社會，亦不可謂此乃開倒車，乃退化之玄想。

人生之理想，大抵不外乎求幸福，何為幸福？社會清平，民生安定，即為幸福。夫今之所謂勝於古者，惟在物欲思想之發達，物質生活之繁華而已。物質生活愈繁華，物欲之要求愈無窮，試看舉世之人憧憧往來，營營苟苟，所為何事？亂紛紛蟻逐羶，鬧攘攘蠅爭血，無非為求奢靡紛華，聲色玩好之享受而已，貪惏無厭，弱肉強食，人與人互相侵害，國與國互相仇敵，一次大戰、二次大戰，野心侵略者，怙惡不悛，甘於殺人如翦草，舉火而自焚，科學萬能之歌頌，世界已無寧日；戰艦大礮，進步而有火箭飛彈，新式武器所犯之地，不但人類滅種，昆虫亦成灰燼。而今列強正在醞釀三次大戰，海洋試爆，分洩之毒，人類遭殃，殃及水族，無形之災害不可統計，將來用於實際戰爭，其禍更不能想像；暴雨未來，人類已陷於恐怖之中，如此高談物質文明，而人類卻已落為野蠻矣。

老子之思想，不易為一般人接受，其「正言若反」之理，亦不易為一般人奉信；而在當今物欲思想膨脹之日，其所講之淳樸社會，更被人認為反對物質文明，壓制人類之欲望；夫物質文明乃事實之演變，老子豈能反對？又豈能阻止人類之物欲思想？老子明天人自然之道，深知迷信物欲思想，為禍必然慘烈，今日社會之現象已足為證。

老子所述之社會，無論為羲、農以上之實況，抑為自己所擬之理想，而人類「甘其食，美其服，安其居，樂其俗」之生活，與今世之人在危機恐嚇之下求自由，在血雨腥風之中爭貨利，兩相對照，何者為幸福？何者為痛苦？不言而喻。縱然不可能復古，又不能盡如理想，然而發思古之幽情，盼理想之實現，亦人情之所不能已也。

本章所謂之小國、勢力薄弱，與廣土眾民之大國不同；此等小國、主政者、如能本無為之旨以為治，則政通人和，上下一體，衛國保家，自治自立，內無不平之事，雞犬不驚；外不依賴大國，而善結友好，是以雖有甲兵而無所用。使人民各安其居，各樂其生，豈有棄其宗邦而投奔外國者哉？此道不惟古昔可行，即今世之小國，如能信其道、師其意而力行之，亦可保其邦、安其民、而獨立於世界，況大國者乎？

小國寡民，使有什伯之器而不用，使民重死而不遠徙。雖有舟輿，無所乘之；雖有甲兵，無所陳之。使民復結繩而用之。甘其食，美其服，安其居，樂其俗。鄰國相望，雞犬之聲相聞，民至老死不相往來。

什伯之器：後漢書宣秉傳注「軍法，五人為伍，二伍為什，則共其器物，故「通」謂生生之具為什物」。逸周書第三十二「五五二十五曰元卒，四卒成衛曰伯」，可知什伯為士卒編制之稱，故俞樾云「什伯之器，乃兵器也」。

河上本，什伯下有「人」字，人字乃衍文，河上之注遂曲為之解；蘇轍注亦依河上本作解云「什伯人之器，則材堪什夫伯夫之長者也」。憨山亦依河上本作解云「器，材也，老子自謂以我無為之治，試於小國，縱使有兼十夫百夫之材者，亦無所用之，以民淳而無事故也」。「什伯人之器」，解為特異之人材，雖可通，然河上本而外，嚴遵、王弼及景龍碑諸本，什伯下皆無「人」字，俞樾云『河上公本，什伯下誤衍「人」字』。此說可取。

國小民寡，與大國相鄰，國運之隆替，似乎不能自主，然而事在人為、成敗之權，操之在我；古者「湯以七十里，文王以百里」，皆小國也（孟子公孫丑篇），而政教之美，德化之盛，竟能由治國而平天下。國家雖小，為政者能實行無為之治，使人民各安其性命之情。變亂不興，故民間雖有武器而無所用；使人民感到生活富有意義，重生存而不輕死；地方秩序安定，故皆不肯去其故土而遠徙他邦。

國家宴然無事，無須東征西伐，故雖有樓船輜車，亦無所用於馳乘；雖有堅甲利兵，亦無處列陣應戰。蓋既無內亂，自無內戰；不預國際糾紛，亦無國際戰爭也。

如此民淳事簡，人羣以誠相處，無爭執，無欺詐，無須訂立契約條律以作質信，故民間雖有復用結繩記事之法者，已足應日常之需；此並謂要廢棄文字，蓋謂朝野上下，信用成為習慣，一切事、手續簡便，政府無須煩文倦令有所警告；民間無須立券作證以防反覆也。

在上者無欲知足，以身作則，則人民亦無奢侈之念，所食者雖係家常便飯，而自以為甘；所衣者雖係粗布之服，而自以為美；安其環境，樂其風俗，而不慕乎其他，不作分外之想，此即生活優裕，世道淳美之徵也。

人民知足常樂，既不遠交以逐利，亦不游說以干時，故鄰國雖近，烟村景物可以相望，雞鳴犬吠可以互聞，而皆各安其生，各樂其業，家給人足，無所交涉，每至老死不相往來，又誰肯離故國而遠徙異鄉？治國者皆若此、則萬邦咸寧，天下太平。

八十一章

本章總結五千言之旨，不離於宗、歸本於道。五千言載道之言，至此已作結束，作最後之叮嚀：真理樸實之言，「甚易知、甚易行」，無私無為、尊道貴德之言是也；華而不實之言，全為欺人之談，詭辯惑世之言是也；願世人明辨之也。

五千言為濟世之真理，多為「正言若反」之論，而總不離乎自然之理；自外觀之，若平庸而無奇，似乎不美、不辯、不博，而其實乃為信、為善、為真知，全係由「道」體悟而出之至言。道體「虛而不屈，動而愈出」（第五章），因應無窮。聖人體道而行，故胸中坦然無私，不有所積，超然於人生之途，以道利人，與世無競，無為而為也。

信言不美，美言不信。善者不辯，辯者不善。知者不博，博者不知。　聖人不積，既以為人，己愈有；既以與人，己愈多。天之道，利而不害；聖人之道，為而不爭。

信言美言：河上注：信言不美「信者如其實，不美者樸且質也」；美言不信「滋美之言者，孳孳華詞；不信者，飾偽多空虛也」。——俞樾據河上之注謂『按此當作「信者不美，美者不信」，與下文「善者不辯，辯者不善，知者不博，博者不知」；文法一律』。

按各家之本皆作「信言」「美言」，又按文心雕龍情采篇云『老子疾偽，故稱「美言不信」；』而成玄英開題序訣義疏，亦題此章為「信言章」，可知古本一律，俞說不可從。

不積：王弼注：聖人不積「無私自有，唯善是與」。身外積私財，心內積私見，皆謂之積。

有道之言，只講真實之理，不加粉飾，故忠言逆耳，聽之反而為不美。華美之言，但求取悅於人，不講真誠，故巧言如簧，多是欺人之談。行為至善之人，本來光明磊落，無須自己有所辯護。強為自辯之人，必然文過飾非，誇其不善，而著其善。宇宙萬有，依道而立，明道之人，抱一守真，對于繁瑣之事、不必博知。天下事物，廣泛無涯，知識博雜之人，舍本逐末，對于人生大道、未必能知；所謂「博者不必知，辯者不必慧」也（莊子知北遊）。

聖人至誠至善而有真知，但自外表觀之，乃「有若無，實若虛」（論語泰伯）、大智若愚，虛懷若谷，故曰「聖人不積」；惟其虛心無積，「大盈若沖」，故所應不窮。假若以積為務，心有所係，拘於現實，落為機械，不能「達理明權」（莊子秋水），則所應有限矣。聖人體虛合道「虛而不屈，動而愈出」，用之不盡，故曰「既以為人，己愈有；既以與人，己愈多」。

天道廣大無私，有好生之德，「為而不恃」，故對萬物利而無害。聖人體道而行，以道利人，無為而為，「功成而不居」，不與人爭，所謂「達乎天德」者也（中庸），與天地合德，故能虛心遊世，無入而不自得焉。

跋語

廿餘年前，曾作「老子淺說」，並將五千言逐句講解，用正楷謄寫成書。數年後，閱之自感不滿，乃重加修改，復用楷書全部謄寫，名曰「老子新解」。客歲之春，友人欲將此書影印問世，乃重加審閱，仍感不滿，於是又加修改，並作第三次之謄寫，十餘萬字，歷時一載而書成，名曰「道德經釋義」。自恨年邁，老眼昏花，手不應心，書寫困難，故字跡不工整、拙陋無狀，自心雖仍感不滿，然暮年之人，盡力而為之，只能如此而已！

此書之經文，集十數家之版本，參酌考訂而完成，所冀後之讀者，可省校勘之力；至於在義理方面，管見所及，拙文所述，只可作啟蒙之參考而已；不足為博雅君子過目也！

中華民國六十六年，歲次丁巳，七月廿日，海陽周紹賢誌，時年七十。

本書所用考訂書目

韓非——戰國時、韓之諸公子，初從學於荀子，後轉入法家，所著韓非子五十五篇、有解老、喻老二篇。

河上公——漢時隱者、莫知其姓名、結草為庵、居於河之濱、時人稱之曰河上公。通老子經義，時文帝喜讀老子，有所不解，常遣使請問之。今有河上公老子道德經注。

淮南子——漢淮南王劉安(高帝少子之子)，著淮南子廿一篇，其道應篇，舉歷史事實解說老子之語、凡五十三條。

嚴遵——字君平、漢、蜀人，賣卜於成都市，每依卦辭以忠孝信義教人，日得百錢、即閉門講易、老，著有老子指歸，揚雄稱其著書不作苟見。

王弼——字輔嗣、三國時、山陽人(今山東金鄉縣西北)、年十餘、好老子、通辯能言、有老子注及老子微旨例略、周易注等、傳於今，陸德明稱其妙得虛無之旨。

顧　歡　—字景怡，又字元平，南齊，鹽官人（今浙江海寧縣）。好黃老，明陰陽之術，兼通佛法，依河上公之注，著道德真經注疏。

傅　奕　—唐，鄴人（今河南臨漳縣），高祖武德年間為太史令，有老子注傳世。

唐玄宗　—有御注道德真經傳世。

景龍碑　—唐中宗景龍二年，易州龍興觀，刻道德經於石碑，碑額題曰「大唐景龍二年正月易州龍興觀為國敬造道德經五千文」。今稱此文曰「景龍碑本」、或「景龍本」、或「易州本」。唐昭宗景福二年，易州龍興觀又刻道德經全文於石，今稱此碑之文曰「景福本」、或「景本」、或「易福本」。

司馬光　—字君實，宋，涑水人（山西夏縣），世稱涑水先生。所著資治通鑑而外，獨樂園集有道德真經論四卷。

晁說之　—字以道，宋，山東鉅野人，博極羣書，精通易老，著景迂生集，集中關於解說老子之文，多有創見。

葉夢得　—字少蘊，宋，吳縣人，高宗時以抗禦金兵有功，進觀文殿學士，著作甚豐，有老子解。

蘇　轍　—字子由，宋，四川眉山人，與兄軾同登嘉祐進士，官至大中大夫，晚年居許昌，自號潁濱遺老，著有老子註。

吳　澄——字幼清，元，江西崇仁人，泰定初，主講經筵。弟子甚眾，時稱草廬先生，著述甚富，有道德經註。

王　道——字純甫，明，山東武城人，正德進士，嘉靖時官吏部右侍郎，學識鴻博，精擘義理，著述甚豐，有老子億。

憨　山——明，高僧，名德清，字澄印，晚號憨山，安徽全椒人，俗姓蔡，十二歲出家。與蓮池、紫柏、藕益，為當時佛家四大師。學貫眾理，作三教一致之論，著述甚富，有道德經解。

焦　竑——字弱侯，號澹園，明，江蘇江寧人。博極羣書，萬曆殿試第一，官翰林修撰，所著有老子翼、莊子翼等。

魏　源——字默深，清，湖南邵陽人，道光進士，崇尚理學，尤精史地學著有詩古微、書古微、海國圖志、聖武記、老子本義、等書。

俞　樾——字蔭甫，清，浙江德清人，道光進士，官編修，精研小學，所著春在堂全書五百餘卷，其諸子平議卷八為老子平議。

畢　沅——字纕蘅，一字秋帆，自號雲巖山人，清，江蘇鎮洋人，乾隆進士。幼聰慧，十五歲能詩，官至湖廣總督，所撰經訓堂叢書，有老子道德經考異。

易順鼎——字中實，一字實甫，號哭庵，清，光緒舉人，湖南龍陽人，才思橫溢，少有神童之目，官至廣東欽廉道。所撰經史雜著、有讀老札記。

嚴復——原名宗光，字又陵，後改名復，字幾道。清、福建侯官人。同治間於福建求是堂藝局學海軍，卒業後，留學英國格林尼次海軍大學，光緒初歸國，歷任北洋水師學堂總辦及京師大學堂編譯局總辦，入民國任北京大學校長。致力介紹西洋學說，譯著甚多，評點老莊，與西方學說相參證，多有獨到之見。

劉師培——字申叔，江蘇儀徵人，少有文名，清季講學於四川國學院，入民國任北京大學教授，著述甚富，有老子斠補、老子韻表。

帛書老子——一九七四年，在湖南、漢、馬王塚出土之謄寫本老子，因其書寫於帛，故稱帛書老子。此書有兩種本，一本字體在篆隸之間，據考證，其謄寫年代約在漢高帝時期；一本字體為隸書，謄寫年代約在呂后時期，或文帝初年。

本書作者著述之一覽

書名	出版處	
道家與神仙	台灣中華書局	
論李杜詩	台灣中華書局	
荀子要義	台灣中華書局	
老子要義	台灣中華書局	
魏晉清談述論	台灣商務印書館	
文言與白話	台灣商務印書館	
松華軒詩稿	台灣商務印書館	
孟子要義	文景書局	
莊子要義	文景書局	
列子要義	文景書局	
兩漢哲學	文景書局	
佛學概論	文景書局	
中國文學論衡	文景書局	
應用文	文景書局	

中華哲學叢書

老子要義

1912

作　　者／周紹賢　著
主　　編／劉郁君
美術編輯／中華書局編輯部

出 版 者／中華書局
發 行 人／張敏君
行銷經理／王新君
地　　址／11494 台北市內湖區舊宗路二段181巷8號5樓
客服專線／02-8797-8396　　傳　　真／02-8797-8909
網　　址／www.chunghwabook.com.tw
匯款帳號／兆豐國際商業銀行　東內湖分行
067-09-036932　中華書局股份有限公司

法律顧問／安侯法律事務所
印刷公司／維中科技有限公司　海瑞印刷品有限公司
出版日期／2015年7月再版
版本備註／據1977年9月初版復刻重製
定　　價／NTD 300

國家圖書館出版品預行編目（CIP）資料

老子要義 / 周紹賢著. -- 再版. -- 台北市 :
中華書局, 2015.07
面 ; 公分. -- (中華哲學叢書)
ISBN 978-957-43-2552-8(平裝)

1.老子 2.研究考訂

121.317　　104010327

NO.B0031
ISBN 978-957-43-2552-8（平裝）